AF391137

MANUEL

DU

FANTASSIN

—

27e Édition.

PARIS

Henri CHARLES-LAVAUZELLE

Éditeur militaire

10, Rue Danton, Boulevard Saint-Germain, 118

(MÊME MAISON A LIMOGES)

—

1906

............e COMPAGNIE

Nº MATRICULE : ....

TABLE DES MATIÈRES

Pages.

AVANT-PROPOS....................................   7

Education militaire.

La patrie et l'armée......................   9
Les vertus militaires....................   13
Moyens matériels de discipline...........   16
Devoirs immédiats du soldat..............   18

Instruction militaire.

Organisation.............................   22
Composition d'un régiment..................   22
Des grades.................................   23
Formation des armées.......................   27
Signaux....................................   29
Connaissance de l'arme...................   30
Montage et démontage.......................   30
Entretien de l'arme........................   41
Instruction du tireur....................   49
Le tirailleur au combat. — Appréciation des
   distances.................................   59
Instruction du tireur dans la section......   66
Notions sur l'armement et les munitions...   69
Classement des tireurs. — Récompenses de
   tir.......................................   72

Instruction du soldat dans les divers services.

	Pages.
Service intérieur	75
Marques extérieures de respect	75
Tenue	77
Hygiène des hommes	78
Police de la chambrée	80
Effets d'habillement, d'équipement et de literie	81
Alimentation et ordinaires	83
Permissions	86
Punitions	87
Certificat de bonne conduite	89
Réclamations	90
Routes à l'intérieur	91
Service des places	92
Organisation du service de garnison	92
Exécution du service de garde	94
Transport des troupes en chemin de fer	99
Alimentation	99
Tenue	100
Placement dans les wagons	100
Police et discipline	101
Service en campagne	103
Définitions	103
Service de sûreté	105
Avant-garde, flanc-garde, arrière-garde	105
Avant-postes	107
Installation et service des avant-postes	109
Consignes des sentinelles	111
Rondes, patrouilles, reconnaissances	116
Devoirs des soldats éclaireurs	117
Service de marche	120
Exécution des marches	120
Service dans les cantonnements et bivouacs	122
Remplacement des munitions	126
Alimentation des troupes en campagne	129
Devoirs du soldat au combat	132

Instruction complémentaire du soldat.

	Pages.
Travaux de campagne	133
Nomenclature des outils	133
Outils de terrassiers	135
Outils de destruction	136
Port des outils portatifs	137
Retranchement de campagne	137
Placement des travailleurs	139
Utilisation des obstacles	141
Travaux de bivouac	144
Instruction relative à l'emploi de la voiture de compagnie	146
Hygiène	149
Hygiène générale	149
— alimentaire	149
— de marche	150
— au cantonnement et au bivouac	153
Paquet de pansement individuel	153
Obligations des disponibles, des réservistes, des hommes de l'armée territoriale et de sa réserve	155
Des hommes dans leurs foyers	155
Livret et fascicule	157
Convocations	158
Ajournements	159
Dispenses	161
Réforme	161
Retard ou manquement aux convocations	162
Punitions des militaires dans leurs foyers	162
Mobilisation	163
Manquement à la mobilisation	164
Hommes voyageant ou résidant à l'étranger	165
Résidence et domicile	165
Tableau des appels annuels de la réserve et de l'armée territoriale de 1905 à 1908	168

Habillement des hommes renvoyés dans leurs foyers..................................... 169

Appendices.

Tableau des effets à emporter en campagne. 173
Placement des effets dans le sac........... 177
Disposition des effets pour une revue de détail.................................. 179

AVANT-PROPOS

Un Manuel du fantassin, pour ne pas mentir à son titre de manuel et devenir le livre familier du soldat, ne doit contenir que les notions indispensables au fantassin du rang, sous les drapeaux ou dans ses foyers.

Il doit encore présenter ces notions, lorsqu'elles s'y prêtent, sous la forme la plus concise, la plus parlante à l'intelligence et à la mémoire : l'*image*. Enfin, pour celles des connaissances qui ne peuvent être ainsi évoquées, il doit employer une langue facilement accessible à tous, exempte cependant de cette ingénuité trop grande qui excite la raillerie ou le dédain de la recrue instruite, sans éveiller autre chose, chez la recrue inculte, que la défiance de la puérilité affectée.

Telles sont les conditions que s'est efforcé de remplir le *Manuel du fantassin* que nous offrons aujourd'hui à l'armée et au pays. Il condense en 150 petites pages la substance de nos règlements si nombreux et si touffus ; il parle par images, autant qu'il le peut ; il rapproche et coordonne des prescriptions éparses un peu partout ; on s'en rendra compte à la nomenclature des règlements, instructions ou décisions ministérielles qui rappelle, en tête de chaque chapitre, les sources mises à contribution ; il ajoute enfin à la matière officielle, rigoureusement à jour, un chapitre consacré à l'éducation morale, sobrement conçu, non sans cette pointe de grandiloquence qu'aiment les oreilles françaises.

Nous ne craignons pas de dire qu'ainsi élaboré, notre *Manuel du fantassin* est la bibliothèque et le Code du soldat de 20 à 45 ans ; éminemment portatif sous son petit volume, il a sa place à côté du livret, du carnet-figuratif de tir et de l'historique réduit du régiment ; il complète ainsi, au moyen de ce memento technique, le bagage militaire du citoyen, mince et cher bagage qui rappelle à tous, dans la chaumière ou le château, avec ses sacrifices et ses joies, la dévotion commune à la patrie.

MANUEL
DU FANTASSIN

ÉDUCATION MILITAIRE

CHAPITRE Ier

LA PATRIE ET L'ARMÉE

La Patrie.

Qu'est-ce que la patrie?

La patrie, c'est le bien commun, les traditions et la gloire communes à tous les citoyens d'un même pays.

La France est la patrie des Français.

Qu'est-ce que le patriotisme?

Le patriotisme est l'amour de la patrie.

Quels sont les sentiments qu'inspire le patriotisme?

Le dévouement absolu à la patrie; la résolution d'être constamment prêt à la servir, à la défendre et à mourir pour elle.

L'Armée.

Qu'est-ce que l'armée dans la patrie ?

L'armée est la sauvegarde permanente de la patrie, la réunion de tous les cœurs et de tous les bras dont elle peut disposer pour sa défense.

Quel est le rôle de l'armée à l'extérieur ?

Imposer le respect et garantir la sécurité de la patrie.

Quel est le rôle de l'armée à l'intérieur ?

Assurer l'exécution des lois et le maintien de l'ordre public.

Rôle moral de l'armée.

Qu'est-ce que l'armée dans la nation ?

L'armée, en temps de paix, c'est la jeunesse, de la nation sous les armes ; en temps de guerre c'est la nation tout entière.

Quel est aujourd'hui le rôle moral de l'armée du temps de paix ?

Aujourd'hui, tout le monde étant soldat, l'armée du temps de paix est la grande école du patriotisme actif, c'est-à-dire du courage, de la discipline et de la concorde que le patriotisme commande.

Le Service militaire obligatoire.

Pourquoi le service doit-il être obligatoire pour tous ?

Parce que tous les citoyens doivent être préparés à leur mission de défenseurs de la patrie.

Quel caractère la loi a-t-elle donné au service en le rendant obligatoire?

Elle a proclamé qu'il était un devoir, alors qu'il n'était autrefois que l'exercice d'une profession.

Grandeur du devoir militaire.

Quel est la première des obligations du citoyen envers la patrie?

Le devoir militaire, dont dépendent directement l'existence et l'honneur de la patrie.

Expliquez la grandeur de ce devoir.

Le devoir militaire est grand et noble parce qu'il est le sacrifice librement et joyeusement consenti des intérêts égoïstes, de la vie même, à la sécurité et à la prospérité de la patrie.

A quel titre la loi exige-t-elle ce sacrifice?

Au nom de la raison et de l'expérience, qui nous montrent la sécurité et la prospérité individuelles comme découlant naturellement de la sécurité et de la prospérité de la patrie.

Le Drapeau.

Qu'est-ce que le drapeau?

Le drapeau est la personnification de la patrie et de l'honneur militaire de ses défenseurs.

C'est un signe de ralliement dans les combats.

Que vous rappelle le drapeau du régiment ?

Il rappelle les batailles où le régiment s'est illustré.

Quel est le premier devoir du soldat ? Quelle opinion auriez-vous du soldat qui abandonnerait ou livrerait son drapeau ?

La fidélité au drapeau est le premier devoir du soldat. Abandonner son drapeau, c'est une lâcheté; le livrer c'est une trahison. Honte à celui qui déserte le drapeau, infamie pour celui qui le livre !

Quelles sont les victoires inscrites sur le drapeau du régiment (1) ?

Les victoires inscrites au drapeau du régiment, sont :

1° .... remporté

par .... sur les ....

en ....

2° ....

....

....

3° ....

....

....

____

1° **IÉNA,** remportée par **Napoléon** sur les **Prussiens,** en **1806.**

4º ....

....

....

CHAPITRE II

LES VERTUS MILITAIRES

—

L'Honneur.

Donnez la définition de l'honneur.

L'honneur est ce sentiment naturel qui nous inspire l'amour du devoir, l'horreur du mal, et nous fait rechercher l'estime et la considération de nos concitoyens.

Qu'est-ce que l'honneur militaire?

L'honneur militaire, c'est l'honneur dont tous les soldats sont solidaires, qui ne leur défend pas seulement de faillir au devoir, mais leur enjoint encore de rivaliser pour illustrer le drapeau et la nation. Il a pour mot d'ordre au combat : Vaincre ou mourir.

La Discipline.

Qu'est-ce que la discipline?

La discipline est l'observation de la règle ; elle comprend la soumission aux règlements militaires et l'obéissance aux supérieurs. Imposée uniformément à tous, elle crée l'union des efforts ; c'est pourquoi l'on dit qu'elle est la force principale des armées. Les armées disciplinées et animées d'un vif sentiment de l'honneur sont toujours victorieuses.

Est-il humiliant d'obéir à l'ordre d'un supérieur ?

L'obéissance à un ordre militaire n'est jamais un acte servile.

Comment doit-on obéir ?

L'obéissance doit être immédiate et entière.

Le chef qui donne un ordre est-il responsable de ses conséquences ?

Le chef qui donne un ordre engage sa responsabilité et dégage celle du subordonné qui exécute l'ordre fidèlement.

Comment le soldat qui reçoit un ordre doit-il se servir de son intelligence ?

Dans le seul but d'assurer l'exécution de l'ordre par les moyens les meilleurs et les mieux appropriés aux circonstances.

Le Respect.

Le respect de l'inférieur pour le supérieur est-il nécessaire à la discipline ?

Le respect de l'inférieur pour le supérieur rend la discipline facile et l'obéissance plus exacte.

Le respect est donc l'une des bases de la discipline ; il faut éviter d'y porter atteinte par la familiarité des rapports entre supérieurs et inférieurs, sans exclure de ceux-ci la cordialité qui doit les animer.

Pourquoi le respect est-il dû au supérieur?

Le respect est dû au supérieur parce que le supérieur est le représentant du règlement et qu'il dispose d'une part de l'autorité légitime.

A qui s'adresse le respect, est-ce au grade ou à la personne?

Le respect s'adresse au grade d'abord, puis à la personne qui en est revêtue, parce que ce grade a été mérité avant d'être acquis.

Le Courage.

Qu'est-ce que le courage?

Le courage est de la fermeté d'âme.

Quels sont ses effets?

Le courage permet de supporter, sans en paraître affecté, la misère, les ennuis, les fatigues et les douleurs.

Il donne la force d'affronter sans faiblesse les dangers et même la mort.

Le Dévouement. — L'Abnégation.

Qu'entend-on par dévouement?

Le dévouement est un sentiment généreux qui porte celui qui l'éprouve à embrasser une cause, à partager des périls que la voix de l'égoïsme lui conseillerait d'éviter.

Qu'est-ce que l'abnégation?

L'abnégation est le dévouement poussé jusqu'au complet oubli de soi-même.

CHAPITRE III

MOYENS MATÉRIELS DE DISCIPLINE

—

L'Uniforme.

Pourquoi a-t-on revêtu le soldat à l'armée d'un uniforme ?

Pour lui rappeler constamment le devoir qu'il accomplit et les obligations que ce devoir comporte : discipline, dignité, pratique du courage, du dévouement, etc., dans toutes les circonstances.

Quelles sont encore les conséquences du port de l'uniforme ?

L'uniforme impose à ceux qui en sont revêtus, quelles que soient les différences de tenue qui les distinguent, la solidarité qui les unirait au combat, et les rapports d'estime, de confiance et de mutuelle considération que cette solidarité implique.

L'uniforme n'a-t-il pas une autre propriété ?

Il désigne ceux qui ont l'honneur de le porter à l'attention respectueuse et sympathique des bons citoyens.

Ce respect et cette sympathie qui s'adressent au défenseur de la patrie, au courage et au dévouement qu'il pratique, obligent le soldat à s'en montrer constamment digne par son attitude et ses actes.

Les moyens de répression.

Pourquoi faut-il réprimer les fautes ?

Parce qu'elles compromettent la discipline par l'infraction qu'elles y apportent et par le mauvais exemple qu'elles sont.

Que doit penser le soldat puni ?

Que la punition qui l'atteint a été inspirée par la nécessité de maintenir cette discipline ferme qui fait les armées fortes et victorieuses ; que prononcée sans haine, au nom de si grands intérêts, elle doit le laisser sans rancune et résolu à mieux remplir, dans toutes ses exigences, le devoir militaire.

Quels sont les moyens de répression ?

Les punitions disciplinaires énumérées par le règlement sur le service intérieur et les peines prononcées par les conseils de guerre ; ces peines sont indiquées dans le livret individuel.

Les moyens de récompense.

Quelles sont les récompenses du soldat en temps de paix ?

Les permissions ; les éloges du commandant de la compagnie ; les félicitations du colonel par la voie du rapport ; la mise à l'ordre de la brigade, de la division, du corps d'armée, de l'armée ; la nomination à la première classe ; la désignation pour la garde du drapeau ; l'avancement. Enfin, pour les actes particulièrement méritoires, les mentions, médailles et décorations autorisées, la médaille militaire et la croix de la Légion d'honneur.

Quelles sont les récompenses du soldat en temps de guerre?

Celles du temps de paix et plus particulièrement l'avancement, la médaille militaire ou la croix d'honneur.

En outre, lorsqu'un militaire paraît avoir mérité une mention particulière pour sa belle conduite, pour avoir pris un drapeau, un canon, sauvé son général ou son chef, ou pour tout autre acte de dévouement, il devient l'objet d'un rapport d'après lequel le commandant en chef décide s'il doit être cité à l'ordre de l'armée et de plus dans le bulletin des opérations.

CHAPITRE IV

DEVOIRS IMMÉDIATS DU SOLDAT

Devoirs du soldat vis-à-vis des recrues et de ses camarades.

Quel doit être le caractère des rapports entre soldats?

Les rapports entre soldats doivent s'inspirer d'une camaraderie cordiale et respectueuse de la liberté de chacun.

Que doit être l'ancien soldat pour le nouveau?

Un guide fraternel mettant son expérience au service de son jeune camarade pour lui rendre plus prompts et plus faciles l'apprentissage de ses devoirs et l'habitude de la vie nouvelle.

Peut-on se permettre des brimades ?

Quels qu'en soient les motifs, les brimades sont des actes de lâche persécution, indignes de soldats qui doivent constamment s'entr'aider pour devenir meilleurs et plus aptes à leur commune mission.

Quelle doit être l'attitude dans les chambrées et à l'extérieur ?

L'attitude et la tenue, dans les chambres comme à l'extérieur, doivent toujours être convenables et ne choquer aucune susceptibilité.

Doit-on tolérer des expressions ordurières ou des chants obscènes ?

Les expressions ordurières, les plaisanteries grossières et blessantes, les chants obscènes sont une atteinte à la dignité de celui qui s'en rend coupable et au respect dû à tous.

Devoirs du soldat en garnison.

De quels principes doit s'inspirer la conduite du soldat dans la garnison ?

De l'observation de la discipline, du respect de soi-même et des autres.

Pourquoi ne doit-on pas s'enivrer ?

Parce que l'ivresse est dégradante et peut conduire aux actes les plus graves.

Les soldats se doivent-ils aide mutuelle ?

Ils doivent s'aider et s'encourager mutuellement, mettre en commun leurs forces dans toute circonstance intéressant l'accomplissement de l'un de leurs devoirs ou le respect dû à leur caractère et à leur uniforme.

Doit-on laisser un camarade commettre une mauvaise action?

Non, on doit l'en détourner ; on devient responsable pour une part de toute mauvaise action qu'on a laissé commettre sans s'y opposer par tous les moyens.

Devez-vous prêter main-forte aux agents de l'autorité publique?

On doit prêter main-forte aux agents de l'autorité et à toute personne en péril.

Peut-on s'occuper de politique?

La loi a voulu que le soldat sous les drapeaux se consacrât exclusivement à l'exercice de ses aptitudes pour la défense de la patrie et de ses institutions. Ce serait manquer à la loi et à la discipline que de désobéir. Le soldat doit donc s'abstenir de manifester ses opinions et particulièrement de paraître dans les réunions publiques.

Le soldat peut-il faire partie d'une association?

Les règles de la discipline s'opposent à ce qu'un militaire entre, sous aucun prétexte, dans une association ayant un caractère politique ou religieux ; il ne peut, quel que soit son grade, faire partie d'une société quelconque, sans autorisation expresse du Ministre de la guerre. Il ne doit, en effet, connaître d'autre engagement que celui qui le rattache au service, d'autre commandement que celui de ses chefs, d'autre guide que son drapeau. L'armée devant être, sans froissement pour aucune conviction, le faisceau de tous les dévouements et de toutes les énergies, les discussions politiques y sont interdites; toutes les religions, toutes les croyances doivent y rester libres et respectées.

INSTRUCTION MILITAIRE

CHAPITRE Ier

ORGANISATION

Composition d'un régiment.

Comment se compose le régiment ?

Le régiment se compose de bataillons numérotés 1, 2, 3, 4, et d'une section hors rang.

De quoi se compose le bataillon ?

Généralement de quatre compagnies.

Le bataillon de chasseurs est organisé à six compagnies.

Comment sont numérotées les compagnies ?

Dans le régiment actif, réuni en tout temps, les compagnies sont numérotées de 1 à 12 ou 16 suivant que le régiment a trois ou quatre bataillons.

Dans les régiments ou les formations de réserve, correspondants aux régiments actifs et réunis seulement pour des périodes d'instruction et en temps de guerre, les compagnies prennent les numéros à la suite ; les bataillons prennent de même les numéros à la suite des bataillons actifs.

Dans les bataillons qui ne sont pas enrégimentés et qui sont dits pour ce motif « formant corps », comment sont numérotées les compagnies?

1, 2, 3, 4, 5, 6. Les bataillons formant corps sont les bataillons de chasseurs à pied. Il y a aussi les bataillons d'infanterie légère d'Afrique qui reçoivent les hommes ayant subi une ou plusieurs peines avant leur incorporation.

Comment la compagnie est-elle fractionnée?

En quatre sections numérotées de 1 à 4; les deux premières forment le premier peloton, les deux dernières le second peloton.

Quelles sont les divisions de la section?

Sur le pied de paix, chaque section est divisée en deux escouades; les huit escouades sont désignées par les numéros impairs de 1 à 15.

Sur le pied de guerre, chaque escouade se dédouble et les escouades nouvelles prennent les numéros pairs de 2 à 16; la réunion de deux escouades forme alors une demi-section.

Lorsque la compagnie a douze caporaux comment les sections sont-elles divisées?

En trois escouades numérotées 1, 2, 3 pour la première section; 5, 6, 7 pour la deuxième section; 9, 10, 11 pour la troisième section; 13, 14, 15 pour la quatrième section.

Sur le pied de guerre, on forme les 4e, 8e, 12e et 16e escouades.

Des grades.

(Lois des 14 avril 1832 et 4 août 1839 et service intérieur, art. 222.)

Quels sont les grades et emplois de la hiérarchie militaire et à quels insignes les distingue-t-on ?

Les grades des hommes de troupes sont les suivants :

Soldat de 2e classe ;

Soldat de 1re classe, deux par escouade, un galon de laine sur l'avant-bras ;

Caporal, deux galons de laine sur l'avant-bras ;

Caporal fourrier, galons de caporal sur l'avant-bras, un galon de métal (1) sur le haut du bras ;

Sergent, un galon de métal sur l'avant-bras ;

Sergent fourrier, un galon de métal sur l'avant-bras et un sur le haut du bras ;

Sergent-major, deux galons de métal sur l'avant-bras ;

Adjudant, un galon circulaire métal et soie au-dessus du parement.

Les sergents, sergents fourriers, sergents-majors et adjudants sont dits : sous-officiers.

Quels sont les grades d'officiers et les insignes de ces grades ?

Ce sont les grades de :

Sous-lieutenant, un galon de métal au-dessus du parement ;

Lieutenant, deux galons d'or ;

Capitaine, trois galons d'or ;

Commandant, quatre galons d'or ;

Lieutenant-colonel, cinq galons (dont deux en argent et trois en or ou inversement) ;

Colonel, cinq galons d'or.

Les titulaires de ces trois derniers grades sont dits officiers supérieurs.

---

(1) Les galons de métal sont d'or ou d'argent suivant la couleur du bouton de l'uniforme ; leur forme peut varier suivant le corps ou l'arme.

Quels sont les grades et insignes des officiers généraux ?

Les officiers généraux portent, en petite tenue, un dolman à tresses noires et un képi brodé or; en grande tenue, une tunique à parements brodés or, des épaulettes et un chapeau à plumes.

Le général de brigade se distingue à deux étoiles posées sur les manches du dolman ou les épaulettes; à une ceinture bleue et or et à un chapeau à plumes noires en grande tenue;

Le général de division se distingue à trois étoiles sur les manches ou les épaulettes, une ceinture rouge et or et un chapeau à plumes noires en grande tenue;

Le général commandant le corps d'armée porte un galon d'argent au-dessus des broderies du képi de général de division et des plumes blanches au chapeau.

Combien y a-t-il de médecins militaires dans un régiment ?

Un par bataillon.

Quels sont leurs grades et insignes ?

Aide major de 2e ou de 1re classe, un ou deux galons d'or comme les sous-lieutenants ou lieutenants;

Médecin-major de 2° classe, trois galons comme les capitaines;

Médecin-major de 1re classe, quatre galons comme les commandants.

Le bandeau du képi est en velours cramoisi.

Quels sont les insignes des sous-intendants ?

Des broderies d'argent au collet en drap noir et des galons de grade de même métal.

Pour adresser la parole ou répondre à un

supérieur, devez-vous énoncer son grade et de quelle façon ?

Aux caporaux et aux sous-officiers on dit :

« Oui, caporal, sergent, etc. »

Aux officiers on dit :

« Oui, mon lieutenant, mon capitaine, mon général. »

Aux officiers du corps de santé on dit :

« Oui, Monsieur le (aide-)major ou (médecin-)major. »

Aux fonctionnaires du corps de l'intendance on dit :

« Oui, Monsieur le (sous-)intendant (1). »

Vous devez connaître les noms des gradés et officiers sous les ordres desquels vous avez l'honneur de servir ; comment appelez-vous vos différents gradés et officiers ?

Mon caporal s'appelle : le caporal
Mon sergent : le sergent
Mon sergent fourrier : le (sergent) fourrier
Mon sergent-major : le sergent-major
Mon adjudant : l'adjudant
Mon sous-lieutenant : le lieutenant
Mon lieutenant : le lieutenant
Mon capitaine : le capitaine
Mon commandant : le commandant
Le lieutenant-colonel : le (lieutenant) colonel
Le colonel : le colonel
Le général de brigade : le général
Le général de division : le général
Le général commandant le corps d'armée : le général

---

(1) Pour plus de rapidité, on supprime habituellement le mot entre parenthèses.

Par qui sont commandées les unités formées dans un régiment?

L'escouade est commandée par le caporal;

La demi-section, par le sergent;

La section, par le sergent-major, l'adjudant, le sous-lieutenant ou le lieutenant;

Le peloton, ou réunion de deux sections, par le lieutenant en premier ou le lieutenant en second;

La compagnie, par le capitaine;

Le bataillon, par le chef de bataillon, secondé par l'adjudant-major et par l'adjudant de bataillon;

Le régiment, par le colonel, secondé ou remplacé par le lieutenant-colonel.

Formation des armées.

(Extrait du service en campagne, titre Ier, art. 1.)

Qu'entendez-vous par une brigade?

Dans l'infanterie, la réunion de deux régiments.

La brigade est commandée par un général de brigade.

A quelle brigade appartenez-vous et de quels régiments se compose-t-elle?

J'appartiens à la   e brigade, elle est constituée par le   e régiment et le   e régiment.

Qu'entendez-vous par une division?

Dans l'infanterie, la réunion de deux ou trois brigades.

Elle est commandée par un général de division.

A quelle division appartenez-vous?

A la   ° division d'infanterie, composée des   ᵉ et   ᵉ brigades.

Qu'est-ce qu'un corps d'armée?

La réunion de deux ou trois divisions d'infanterie et de forces d'autres armes, cavalerie, artillerie, génie, etc. Il est commandé par un général de division.

Quel est votre corps d'armée?

Le   ° corps, comprenant les   ° et   ° divisions d'infanterie.

Qu'est-ce qu'une armée?

La réunion de plusieurs corps d'armée. Une armée est commandée par un général de division, porteur d'une lettre de service spéciale.

Maniement des armes.

(Règlement du 3 décembre 1904. Titre II.)

Le maniement des armes comprend :
La position de l'arme au pied ;
L'arme sur l'épaule droite ;
Reposer l'arme ;
L'arme à la bretelle ;
Les mouvements relatifs à la charge et au tir ;
Les positions du tireur ;
Inspection de l'arme, mettre et remettre la baïonnette ;
L'escrime à la baïonnette ;
Former et rompre les faisceaux à l'école de section.

Signaux.

Les signaux sont faits avec le bras ou avec l'arme.

Garde à vous. — Elever le bras verticalement.

Marcher en avant. — Tendre le bras dans la direction à suivre.

Arrêter. — Elever le bras verticalement, l'abaisser complètement.

A droite (gauche). — Tendre le bras horizontalement vers la droite (gauche).

Changement de direction. — Tendre le bras horizontalement dans la direction de la marche, puis l'amener vers le nouveau point de direction.

En tirailleurs. — Etendre les deux bras horizontalement en les ouvrant.

Rassemblement. — Elever le bras droit et le laisser levé jusqu'à ce que le rassemblement soit en voie d'exécution.

Ralliement. — Elever le bras droit et l'agiter vivement de droite à gauche.

Accélérer l'allure. — Elever le bras droit et l'agiter de haut en bas.

La corne et le sifflet sont employés pour attirer l'attention.

Les officiers supérieurs font usage de la corne, et les officiers subalternes, du sifflet.

Ordres et commandements.

Les *ordres* sont donnés à la voix si c'est possible; sinon, à l'aide de signaux après que l'attention a été fixée au moyen de la corne ou du sifflet.

Les *commandements* s'emploient toutes les fois que la troupe, formée à rangs serrés, doit manœuvrer avec ensemble et précision.

Les *signaux* sont utilisés pour confirmer ou remplacer les commandements à la voix ou les ordres.

Les *ordres* s'emploient pour les manœuvres à rangs serrés des unités plus grandes que le bataillon, ou pour les mouvements de toutes les unités lorsque l'ensemble dans l'exécution n'est plus exigé.

CHAPITRE III

CONNAISSANCE DE L'ARME

(Fusil M^le 86 M. 93.)

Montage et démontage.

(Instruction du 8 février 1903 sur le matériel de tir et les champs de tir de l'infanterie, chap. Ier de la 1re partie.)

Enumérez et montrez les différentes parties du fusil?

Le fusil se divise en six parties principales : 1° le canon et sa boîte de culasse; 2° la culasse mobile; 3° le mécanisme à répétition; 4° la monture en 2 pièces, fût et crosse; 5° les garnitures; 6° l'épée-baïonnette.

Dans quel ordre démontez-vous le fusil?

Dans l'ordre suivant : 1° l'épée-baïonnette; 2° la bretelle; 3° la culasse mobile; 4° le mécanisme; 5° le fût.

Que distinguez-vous dans la baïonnette ?

1° La lame quadrangulaire;

2° La monture, qui comprend la poignée en bronze de nickel, la vis de poignée, la croisière, son quillon, la virole qui sert à fixer la baïonnette, le poussoir;

3° Le fourreau, qui comprend le corps, le bouton et le bracelet-pontet et la cuvette.

Que distinguez-vous dans le canon?

Le canon comprend deux parties : le canon proprement dit et la boîte de culasse.

A l'intérieur du canon on distingue : la bouche du canon, l'âme cylindrique avec ses quatre rayures, la chambre.

A l'extérieur, on distingue : le guidon et son embase, le petit tenon d'épée-baïonnette, le renflement du tonnerre.

Sur le canon sont fixés le grand tenon d'épée-baïonnette, le guidon et la hausse.

A quoi sert la hausse? Enumérez ses différentes parties.

La hausse sert à donner à l'arme l'inclinaison voulue pour la distance à laquelle on tire.

La hausse comprend : 1° le pied de hausse, ses gradins; 2° le ressort de hausse et sa vis; 3° la planche; 4° le curseur; 5° la vis-arrêtoir de curseur; 6° la goupille.

Est-il permis de démonter la hausse?

La hausse ne doit jamais être démontée; elle doit être nettoyée en place.

Que distinguez-vous dans la boîte de culasse?

La boîte présente à sa partie supérieure le logement de la culasse mobile, et à sa partie inférieure le logement du mécanisme à répétition.

On y distingue les joues, la fente de la tête de gâchette, le trou de la vis postérieure de sous-garde, la rampe hélicoïdale, l'évidement latéral, la queue de culasse et différents logements ou passages pour les pièces de la culasse mobile.

Comment doit être l'auget quand on enlève la culasse mobile?

Il doit être baissé.

Comment retirez-vous la culasse mobile de la boîte?

Ouvrir le tonnerre, amener la culasse mobile en arrière; desserrer la vis d'assemblage du cylindre et de la tête mobile de 3 ou 4 filets; faire tourner la tête mobile à droite, et, s'il y a lieu, le tampon-masque de façon à dégager entièrement le bouton et le masque de leur logement, faire sortir la culasse mobile de la boîte; enlever la tête mobile restée dans la boîte.

On peut rabattre la tête mobile en agissant sur le manchon, que l'on fait tourner à droite, jusqu'à ce que le bouton de tête mobile soit sorti de son logement; on rabat ensuite le tampon-masque si c'est nécessaire.

Quand on agit sur le manchon, il faut le faire tourner avec la main et jamais avec la lame de tournevis engagée dans la fente.

Quand doit-on seulement dévisser la vis d'assemblage?

Il est interdit de dévisser la vis d'assemblage tant que la tête mobile demeure engagée à la position de fermeture dans la partie avant de la boîte de culasse.

On ne doit jamais chercher à dégager la tête mobile du cylindre ou de la boîte de culasse en agissant directement sur la tête mobile avec la lame du tournevis ou tout autre objet métallique.

Quelles sont les pièces qui composent la culasse mobile?

Ces pièces sont :

1° La tête mobile;

2° L'extracteur;

3° Le cylindre avec son renfort et son levier;

4° Le chien, dans lequel on distingue notamment le coin d'arrêt, le renfort, la gorge, la crête, la fente de repère et le cran de départ;

5° Le percuteur;

6° Le manchon;

7° Le ressort de percuteur;

8° La vis d'assemblage du cylindre et de la tête mobile;

9° Le tampon-masque, qui protège le tireur contre les fuites de gaz.

Comment démontez-vous la culasse mobile?

Mettre le chien à l'abattu; faire tourner le manchon de manière à mettre sa fente de repère dans le prolongement de celle du chien; appuyer sur un morceau de bois dur la pointe du percuteur en maintenant ce dernier aussi verticalement que possible; faire effort sur le levier du cylindre pour comprimer le ressort du percuteur et faire sortir le manchon de son logement; dégager le manchon du T du percuteur et laisser le ressort se détendre librement; séparer le cylindre, le chien, le percuteur et son ressort.

Pouvez-vous démonter l'extracteur et le tampon-masque?

L'extracteur et le tampon-masque ne doivent jamais être démontés. Si le démontage du tampon-masque est nécessaire, l'arme est portée chez le chef armurier.

Quelles sont les pièces qui composent le mécanisme de répétition?

Le mécanisme de répétition proprement dit comprend :

1° Le corps du mécanisme (plaque et oreilles);

2° La vis de mécanisme;

3° L'auget, sur lequel on remarque le bec, la fente, le talon, la queue et le butoir de relèvement;

4° Le butoir d'auget;

5° Le levier de manœuvre;

6° Le ressort du levier de manœuvre;

7° L'arrêt de cartouche;

8° Le mécanisme de détente, qui comprend la gâchette, la tête, la détente, la goupille de détente, le ressort de gâchette et sa vis.

Comment dégage-t-on le mécanisme à répétition?

Mettre le levier de manœuvre à la position du tir à répétition et abaisser l'auget; dévisser et enlever la vis postérieure de pontet, puis la vis de mécanisme en maintenant d'une main le pontet dans son logement pendant qu'on retire la vis de mécanisme avec l'autre main; séparer le mécanisme de la boîte de culasse.

Pouvez-vous démonter le mécanisme à répétition?

Ce mécanisme ne doit être démonté qu'exceptionnellement, sur l'ordre et en présence d'un officier.

Comment opérez-vous pour démonter le mécanisme à répétition, lorsque vous avez reçu l'ordre de le faire?

Presser sur le ressort de gâchette afin de dégager le rouleau supérieur de son logement; relever l'auget; dégager le ressort du levier de manœuvre de dessous la face d'appui du levier, en introduisant la lame du tournevis entre le ressort et l'oreille droite du corps de mécanisme et en exerçant une pression de côté sur le ressort; rabattre le ressort vers l'avant. Mettre la came du levier de manœuvre en face de son passage dans l'oreille droite du corps de mécanisme; appuyer avec la main gauche sur le dessus de la queue d'auget de manière à empêcher le ressort d'arrêt de cartouche de soulever l'auget; soulever le levier en lui imprimant un léger mouvement d'oscillation autour de son axe. Séparer de l'auget le butoir d'auget, puis la gâchette avec la détente; dévisser la vis-goupille d'arrêt de cartouche; enlever l'arrêt de cartouche et le ressort du levier de manœuvre.

Quelles sont les pièces qui composent la monture?

1° Le fût, dans lequel on remarque le magasin, le tube-arrêt de piston, le ressort de magasin et le piston;

2° La crosse, sur laquelle on distingue le bec, le talon, le busc et la poignée.

Quelles sont les pièces qui composent les garnitures?

1° L'embouchoir à quillon;

2° La grenadière, avec son anneau et son ressort;

3° Le pontet;

4° La vis de culasse;

5° Le battant de crosse et ses deux vis;

6° La plaque de couche et ses deux vis.

Comment s'opère le démontage du fût?

Enlever l'embouchoir et la grenadière, éloigner avec précaution le canon de l'extrémité du fût, jusqu'à ce que le tenon d'attache soit dégagé de son logement dans la boîte de culasse. A cet effet, opérer de la façon suivante : placer le fusil horizontalement sur les genoux, le canon en dessous, la crosse à gauche; introduire l'index de la main gauche dans la boîte de culasse par l'ouverture ménagée pour le passage du système de répétition, et repousser la tête du piston à l'intérieur du tube-arrêt; faire basculer en même temps le fût, qu'on saisit avec la main droite.

Pouvez-vous démonter la vis de culasse et la crosse?

Non, la vis de culasse et la crosse ne sont jamais démontées par le soldat.

Comment s'opère le remontage du fusil?

Le remontage du fusil s'opère dans l'ordre inverse du démontage.

Quelle précaution doit-on prendre avant de remonter le fût?

Avant de remonter le fût, il faut s'assurer que le crochet de tenon d'attache et son logement dans la boîte de culasse sont dans le plus grand état de propreté.

Comment remonte-t-on le fût?

Saisir le fût par l'extrémité postérieure, l'incliner de façon à pouvoir introduire facilement le tenon d'attache dans son logement, redresser doucement le fût contre le canon sans exercer aucun effort, afin de ne pas dégrader le tube-arrêt de piston. Si l'on éprouve quelque résistance, dégager le tenon et recommencer l'opération.

Remettre la grenadière, la bande embrassant le canon, le bec tourné du côté de l'embouchoir, replacer l'embouchoir.

Comment procède-t-on pour le remontage du mécanisme à répétition?

Si l'arrêt de cartouche a été démonté, le remettre en place, le ressort en dessous; replacer le ressort du levier de manœuvre et revisser la vis-goupille d'arrêt de cartouche.

Assembler sur la queue d'auget la gâchette et le butoir d'auget, introduire le tout entre les oreilles du corps de mécanisme en engageant d'abord la queue de la détente dans la fente du pontet; appuyer avec la paume de la main gauche sur le dessus de l'auget, de manière à faire porter la butée de la face gauche de la queue d'auget contre l'oreille gauche du corps de mécanisme; engager l'axe du levier de manœuvre dans son logement et le pousser à fond. Placer le levier à la position du tir à répétition; ramener avec la main la tête du ressort du levier de manœuvre vers l'arrière et l'introduire sous la face d'appui du levier; à cet effet, prendre appui avec la lame du tournevis sous le gradin du butoir d'auget et faire une pesée sur le ressort en tournant la lame de côté; appuyer sur la gâchette pour faire entrer le rouleau supérieur de son ressort dans son encastrement.

Comment procède-t-on pour réunir le mécanisme à la boîte de culasse?

Mettre, s'il n'y est déjà, le levier de

manœuvre à la position du tir à répétition et abaisser l'auget; introduire le
tenon d'attache du corps de mécanisme
dans son encastrement de la boîte de culasse et appuyer sur le corps du pontet
pour faire entrer le mécanisme dans la
boîte; mettre en place la vis de mécanisme et continuer à appuyer sur le pontet jusqu'à ce que cette vis ait été re-
vissée à fond; revisser, enfin, la vis postérieure du pontet.

Comment remontez-vous la culasse mobile ?

Assembler le cylindre, le ressort à boudin, le
percuteur et le chien, le chien à la position de
l'abattu, le méplat du percuteur parallèle à la
fente latérale du cylindre.

Appuyer la pointe du percuteur sur un morceau de bois dur et embrasser la culasse avec la
main gauche comme pour le démontage. Saisir
le manchon entre le pouce et le premier doigt
de la main droite.

Faire effort des deux mains pour comprimer
le ressort à boudin, la main droite prenant
appui sur la main gauche et sur le levier. Dès
que le T du percuteur se trouve complètement
en dehors du chien, engager le manchon dans
le T. Agir sur le manchon pour l'amener bien en
face de l'entrée de son logement et laisser le
chien remonter lentement.

Placer la vis d'assemblage à la position de dè-
montage (la tête complètement visible hors de
son trou); mettre le chien au cran de l'armé;
faire tourner le manchon de façon que sa fente
de repère soit en demi-à-droite sur celle du
chien; mettre la tête mobile dans la boîte de

culasse, la tranche antérieure des tenons un peu en arrière de la partie antérieure de la rainure latérale, le bouton et le masque à droite, engager la culasse mobile dans la boîte en faisant pénétrer le percuteur dans la tête mobile; faire tourner cette dernière à gauche pour amener son bouton et le masque dans leur logement; serrer à fond la vis d'assemblage.

Quelles sont les précautions à prendre au sujet des vis dans le démontage et le remontage de l'arme?

Toutes les vis doivent être serrées à fond. Lorsqu'on veut mettre une vis à fond ou qu'on commence à la desserrer, il faut poser l'arme sur un appui horizontal et la maintenir solidement. Pour le vissage, on doit engager à la main les premiers filets, toutes les fois que cela est possible.

Quelles sont les précautions à prendre pour éviter les mutilations?

Il est interdit de frapper aucune pièce de ses armes avec un objet métallique. Cette prescription s'applique surtout au démontage de l'embouchoir et de la grenadière. Quand une de ces boucles ne peut être chassée ou remise en place à la main, agir sur elle dans un sens convenable avec le manche du tournevis-chassoir, en appliquant une des encoches le long du canon.

Entretien de l'arme.

Énumérez les objets qui vous sont nécessaires pour l'entretien du fusil en campagne ou aux manœuvres.

Une ficelle individuelle de nettoyage de $2^m,50$ environ de longueur; une petite baguette (trois de ces baguettes s'assemblent entre elles); des tournevis spéciaux (provisoirement le nécessaire d'armes, comprenant une boîte formant poignée, un huilier et une lame de tournevis); des boîtes à graisse et des brosses d'armes réparties entre les hommes de l'escouade.

De quoi se sert-on en garnison pour l'entretien du fusil?

Du nécessaire de chambrée qui comprend : une baguette de nettoyage, une baguette de graissage munie d'un écouvillon et de deux tournevis chassoirs, qui sont placés, ainsi qu'une fiole d'huile, près du râtelier d'armes.

Quels sont les objets dont est muni chaque soldat pour l'entretien du fusil en garnison?

Chaque soldat est muni d'une boîte à graisse, contenant de la graisse et une pièce grasse; d'une brosse d'armes; de curettes en bois tendre; de la brique pilée ou de la brique anglaise et quelques chiffons de linge et de drap.

Quand nettoyez-vous le fusil?

Le fusil doit être nettoyé aussitôt après avoir servi. Tout retard rend le nettoyage plus long et plus difficile à exécuter.

Le nettoyage doit être borné à l'enlèvement de la poussière, de l'humidité, des encrassements et de la rouille superficielle, occasionnés par les exercices ou par le tir; il ne doit jamais être poussé assez loin pour amener l'usure des pièces.

Comment nettoie-t-on les pièces non bronzées?

Lorsque ces pièces ne sont pas rouillées, les frotter légèrement avec un linge ou un morceau de drap sec et propre.

Si elles présentent des taches de rouille, répandre d'abord un peu d'huile sur les taches et laisser la rouille s'imbiber quelques instants. Enlever ensuite les taches au moyen d'un linge propre imbibé d'huile. Les taches qui ne peuvent s'enlever par ce moyen, sauf, toutefois, celles qui se trouvent à l'intérieur du canon, doivent être frottées avec de la brique délayée dans de la graisse.

Peut-on donner du poli brillant aux pièces non bronzées?

Il est expressément défendu de donner le poli brillant aux pièces en acier non mises en couleur et non lustrées.

Peut-on se servir de grès ou d'émeri?

L'emploi de l'émeri ou du grès pour le nettoyage des pièces de l'arme, quelles qu'elles soient, est interdit.

Il est interdit aussi de se servir de la brosse et de la brique pour nettoyer les parties lustrées.

Comment graisse-t-on les pièces non bronzées?

Les pièces étant nettoyées et essuyées, on les graisse légèrement; on met une goutte d'huile sur les filets des vis.

De quoi se sert-on pour nettoyer les pièces mises en couleur?

On ne doit employer que des chiffons de linge ou des morceaux de drap exempts de poussière. L'emploi de la brosse et, à plus forte raison, de la brique et du grès, est interdit pour ces pièces.

Comment procède-t-on au nettoyage des pièces en couleur?

Si la pièce à nettoyer n'est pas rouillée, la laver au besoin avec un linge mouillé, puis l'essuyer avec une linge sec. Si elle est rouillée, la frotter avec un linge ou un morceau de drap légèrement gras.

Les pièces étant nettoyées et essuyées, les graisser légèrement.

Quelles sont les précautions à prendre pendant le nettoyage et le graissage des pièces bronzées ou non bronzées?

On doit éviter de placer en porte-à-faux les pièces en acier, telles que les ressorts, les percuteurs, les baguettes, les lames et les fourreaux de baïonnette.

Sans cette précaution, les pièces pourraient être faussées.

Les parties des pièces difficiles à atteindre doivent être nettoyées à l'aide de curettes en bois tendre et de chiffons peu épais, et jamais avec des lames de tournevis ou autres objets métalliques.

Avant de graisser une pièce quelconque, il faut avoir soin de bien l'essuyer et d'enlever la vieille graisse.

Comment nettoie-t-on les pièces en bronze de nickel ou en laiton?

Ces pièces (tête de la petite baguette, poignée de la baïonnette) se nettoient avec du tripoli. Frotter avec un linge ou un morceau de drap, jamais avec une brosse ou une curette.

Ces pièces ne doivent jamais être graissées.

Comment nettoie-t-on les pièces en bois?

Les essuyer soit avec un linge sec, soit, après une pluie, avec un chiffon huilé.

Comment nettoie-t-on l'intérieur du canon à l'aide du nécessaire de chambrée?

Passer d'abord dans la fente de la baguette de nettoyage une bande de toile de 0^m,10 à 0^m,15 de longueur et d'une largeur telle que le chiffon monté force modérément dans le canon.

Retirer la culasse mobile de la boîte de culasse et séparer le mécanisme de l'arme. Introduire la baguette dans l'arme par la bouche du canon. Saisir la poignée à pleine main, la tige passant entre l'index et le doigt du milieu; imprimer à la baguette un mouvement de va et vient sur toute la longueur du canon. Avoir soin, à chaque passe, de faire sortir complètement le chiffon hors de l'arme, de façon à pouvoir le secouer et à éviter le rebroussement de toile ainsi que les coincements qui peuvent en résulter. Cinq ou six passes suffisent ordinairement pour nettoyer l'intérieur du canon. Lorsqu'il est impossible d'obtenir ce résultat avec un chiffon sec, employer un chiffon imbibé d'huile.

Comment graisse-t-on l'intérieur du canon?

Le canon étant nettoyé, on le graisse légèrement avec la baguette de graissage. Pour cela, imprégner légèrement de graisse la brosse de l'écouvillon, si elle ne l'est déjà. Engager l'écouvillon dans l'arme et faire une seule passe aller et et retour.

Il est interdit d'employer au nettoyage la baguette de graissage séparée ou non de l'écouvillon.

Comment procède-t-on au nettoyage à l'aide de la ficelle?

On ne se sert de la ficelle qu'en manœuvres et en campagne.

Enlever d'abord la culasse mobile et le mécanisme, prendre un chiffon aussi ré-

sistant que possible de 15 à 20 centimètres de longueur sur 4 à 10 centimètres de
largeur, et le passer à forcement dans le
canon à l'aide de la ficelle de nettoyage,
exempte de poussière.

On engage le chiffon dans un nœud
gansé formé au milieu de la ficelle et on
le manœuvre en agissant alternativement
sur les deux bouts de celle-ci, l'arme
étant maintenue aussi immobile que possible. A la fin de chaque mouvement al-
ternatif, le chiffon doit sortir entièrement du canon; il faut l'y faire rentrer
par la partie qui est serrée dans le nœud
de la ficelle, afin d'éviter qu'il ne se re-
brousse et ne se coince pendant son trajet dans l'âme.

Comment opère-t-on à deux?

Il est toujours avantageux que deux
soldats opèrent ensemble. Ils maintien-
nent l'arme horizontalement en tenant
dans leur main gauche, l'un la poignée
de la crosse, l'autre l'extrémité du fût;
chacun d'eux saisit ensuite de la main
droite le bout de la ficelle qui est de son
côté.

*Comment opère le soldat quand il est
seul?*

Il soutient l'arme de la main gauche
sous l'arrière du fût pour tirer le chiffon
de la bouche vers la culasse, et il la fait
repasser sur la crosse pour le mouvement
inverse. Il est formellement interdit,
dans ce cas, d'attacher un des bouts de

la ficelle à un support fixe et d'exécuter le nettoyage en donnant à l'arme un mouvement de va et vient le long de la ficelle.

Il est formellement interdit de remplacer la ficelle par des fils métalliques ou par des baguettes en acier et en fer.

Comment procède t-on au graissage de l'intérieur du canon?

Les parois du canon étant redevenues lisses et brillantes, le graisser légèrement avec un chiffon gras qui doit passer sans forcement.

Quelles sont les parties de l'arme qu'il faut huiler?

1° La boîte de culasse : mettre une goutte d'huile sur la rampe de la tranche postérieure de l'échancrure et sur la rampe de dégagement;

2° La hausse : mettre une goutte d'huile à la charnière;

3° La culasse mobile : huiler le canal de la tête mobile, la griffe de l'extracteur, la pointe du percuteur, les rampes du cylindre et du chien et les logements du tampon-masque, dans le cylindre et sous la tête mobile;

4° Le mécanisme : mettre une goutte d'huile aux axes et aux parties frottantes, ainsi qu'à la tête de gâchette;

5° Le fût : mettre une goutte d'huile au pan incliné du tenon d'attache.

Comment nettoyez-vous et graissez-vous le fusil après les exercices et le tir?

Ouvrir le tonnerre et retirer la culasse mobile en arrière jusqu'à l'arrêt du mouvement; passer autant de fois qu'il paraît nécessaire la baguette de nettoyage dans le canon pour essuyer l'intérieur de l'arme, puis graisser avec l'écouvillon ou un chiffon gras. Essuyer et graisser toutes les parties extérieures de l'arme, y compris la culasse mobile que l'on déplace de façon à en atteindre toute la surface.

Comment procède-t-on particulièrement quand l'arme a été mouillée; ou si elle a été exposée à une forte poussière?

Enlever la culasse mobile et le mécanisme de répétition et procéder au démontage et au nettoyage de toutes les pièces pour lesquelles ces opérations paraissent nécessaires.

Avoir particulièrement soin, s'il a plu pendant la manœuvre, de séparer le fût du canon, et, en outre, si l'on a retiré la baïonnette du fourreau, de faire égoutter aussi complètement que possible l'eau qui y a pénétré.

S'il s'est produit des crachements pendant le tir, il faut démonter et nettoyer complètement la culasse mobile.

Comment sont placées les armes au râtelier?

La culasse mobile fermée, le chien à l'abattu et le bouton quadrillé du levier de manœuvre ramené en avant. Les fusils ne doivent jamais contenir de cartouches et la bouche du canon ne doit jamais être obstruée.

Les pièces en acier sont toujours graissées de manière à être légèrement onctueuses; le soldat doit, avant de se servir de son arme, l'essuyer avec un linge sec.

Peut-on recouvrir les armes avec du linge, du papier, des gaines quelconques?

Il est formellement interdit de recouvrir avec des gaines quelconques, dans aucune circonstance du service, certaines parties des armes telles que la culasse mobile, la hausse ou la bouche du canon.

CHAPITRE IV

INSTRUCTION DU TIREUR

(Règlement sur le tir du 31 août 1905.)

En combien d'actions distinctes peut-on décomposer l'opération de tirer un coup de fusil?

En trois actions qui sont :

1º Pointer l'arme;

2º La maintenir en direction ;

3º Agir sur la détente pour faire partir le coup.

Qu'entendez-vous par pointer l'arme?

C'est prendre la ligne de mire et la diriger sur le but à atteindre.

Quels sont les points qui déterminent la ligne de mire?

1° Le milieu de la ligne qui joint les bords supérieurs du cran de hausse; 2° le sommet du guidon.

Comment prenez-vous la ligne de mire?

En fermant l'œil gauche et en plaçant l'œil droit de façon qu'il aperçoive une quantité égale de jour à droite et à gauche du guidon et le sommet du guidon à hauteur des bords supérieurs du cran de mire.

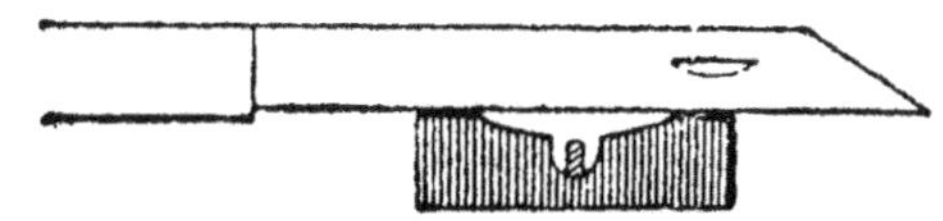

Quelles sont les règles d'emploi de la hausse?

De 0 à 250 mètres, cran de mire du pied de la planche (planche rabattue en avant);

De 250 à 800 mètres, cran de mire de l'arrière de la planche (planche rabattue sur son pied, curseur sur le gradin correspondant à la distance);

De 800 à 1.900 mètres, cran de mire du curseur; le bord supérieur du curseur à hauteur du trait marquant la distance.

Les traits gravés sur le côté droit de la planche indiquent les distances de 100 en 100 mètres; ceux gravés sur le côté gauche les indiquent de 50 en 50 mètres;

A 2.000 mètres, cran supérieur de la planche.

Comment dirigez-vous la ligne de mire sur le but à atteindre?

En prenant la ligne de mire et en la plaçant de façon que le guidon apparaisse en même temps dans le milieu du cran de mire et sous le centre du point à viser complètement démasqué, l'arme ne penchant ni à droite ni à gauche. Lorsque ces conditions sont remplies, on dit que l'arme est régulièrement pointée.

Comment s'appelle cette mise en direction de la ligne de mire?

Viser.

Qu'appelle-t-on groupement?

On appelle groupement l'ensemble des empreintes faites sur la cible par le tir d'un homme visant le même point avec la même hausse.

Comment constate-t-on la régularité du pointage?

L'arme étant sur le chevalet de pointage, le soldat fait placer sur le prolongement de la ligne de mire le bas d'un cercle noir fixé à une tige, que manie un de ses camarades en le faisant glisser sur la cible. Le soldat indique par signes, ou à la voix, dans quel sens il faut faire mouvoir le cercle; puis, quand il le trouve bien placé sur le prolongement de la ligne de mire, l'aide marque la position du centre qui est, à cet effet, percé d'un trou.

La même opération est répétée trois fois et les trois points obtenus forment un petit triangle dont les dimensions indiquent si le pointage est régulier ou non.

Quelles sont les positions que le soldat peut prendre pour mettre en joue?

Debout, assis, accroupi, à genou, sur les deux genoux, couché, abrité.

Quelle est la précaution à observer dans la mise en joue?

La mise en joue se fait sans brusquerie. Le tireur cherche à amener rapidement la ligne de mire un peu au-dessous du point à viser. Il précise ensuite son pointage en s'efforçant de diminuer la grandeur des oscillations de l'arme.

Pourquoi le tireur doit-il serrer l'arme à la poignée avec la main droite?

La main droite serre l'arme à la poignée afin d'assurer l'indépendance de l'index et d'éviter que le mouvement du premier doigt se transmette à la main et à l'épaule au moment du départ du coup.

Pourquoi faut-il lever le coude droit?

Pour faciliter le placement de l'arme à l'épaule.

Dans quel but exerce-t-on une traction de l'arme avec les deux mains?

Les deux mains exercent une traction continue sur l'épaule pour maintenir l'arme plus solidement et éviter les effets du recul.

Comment doit être disposée la crosse avec les hausses faibles?

Dans la mise en joue avec les hausses faibles, le talon de la crosse doit dépasser généralement la partie supérieure de l'épaule, afin que le tireur ne baisse pas la tête pour prendre la ligne de mire.

Comment doit-on généralement mettre en joue avec les hausses supérieures à 1.000 mètres?

Il faut : 1° baisser le coude et la crosse, afin de n'être pas obligé de lever la tête en tendant le cou pour prendre la ligne de mire; 2° placer la main gauche renversée contre le pontet, l'arme maintenue entre le pouce et les quatre doigts réunis sur la main droite, afin de permettre à l'avant-bras gauche de s'appuyer contre le corps.

Quelles sont les précautions à prendre dans la position à genou?

Les hommes qui ont le buste long affaissent le corps sur la jambe droite et placent la jambe et l'avant-bras gauche aussi verticalement que possible, afin d'utiliser toute leur longueur.

Ceux qui ont le buste court soutiennent l'arme par le pontet.

Dans tous les cas : 1° la crosse est mise à l'épaule comme dans la position debout; 2° la tête doit être peu inclinée en avant, afin de ne pas trop rapprocher le nez du pouce de la main droite.

Comment se place le soldat pour le tir couché?

Lorsque le soldat couché met en joue, le corps doit être placé obliquement par rapport à la direction du tir, afin d'éviter d'appuyer la crosse sur la clavicule.

Comment agissez-vous sur la détente pour faire partir le coup?

La main droite serrant l'arme à la poignée comme dans la position de joue, agir avec l'extrémité antérieure de la deuxième phalange, afin d'amener la seconde bossette en contact avec le dessous de la boîte de culasse; marquer un temps d'arrêt, retenir la respiration; puis, laisser partir le coup en fermant lentement le doigt, d'un mouvement continu et sans saccade.

Qu'appelle-t-on hausse de combat?

C'est la hausse de 400 mètres, qui répond à tous les besoins du combat rapproché.

Qu'entend-on par accuser le coup?

C'est préciser le point sur lequel était dirigée la ligne de mire au moment du départ du coup.

Le tireur doit pouvoir accuser son coup toutes les fois qu'il agit sur la détente dans une position quelconque de mise en joue.

Quels sont les premiers exercices de tir?

Les premiers exercices de tir comprennent :

1° Des tirs réels à distance réduite avec la cartouche réglementaire, et, quand il n'est pas possible d'exécuter ce tir, des tirs réduits avec une cartouche spéciale;

2° Des tirs d'instruction et d'application exécutés à des distances comprises entre 100 et 400 mètres.

Quels sont les exercices de tir à distance réduite ou de tir réduit?

Ces exercices sont : 1° des tirs de groupement; 2° des tirs au but.

Quel est le but des tirs de groupement?

Les tirs de groupement ont pour but de réunir dans un espace aussi resserré que possible les atteintes obtenues sur une cible par un même tireur en visant le même point.

Quel est l'objet des tirs au but?

Les tirs au but ont pour objet de porter le groupement, c'est-à-dire les atteintes, sur un but déterminé.

Qu'entend-on par correction de pointage?

La correction de pointage est une opération qui consiste à ramener au but un groupement qui en est éloigné pour une cause indépendante du tireur, telle que hausse inexacte, arme mal réglée, vent, température, etc.

Comment le tireur corrige-t-il son pointage?

Il remarque de combien les coups sont trop à droite et trop bas, par exemple, et vise à gauche et en haut du point à atteindre de la même quantité.

Quel est l'objet des tirs d'instruction?

Les tirs d'instruction ont pour but d'apprendre au soldat à appliquer les principes qui lui ont été enseignés et qu'il a déjà acquis au tir à distance réduite ou au tir réduit. On emploie pour ces tirs une cible rectangulaire.

Quel est l'objet des tirs d'application?

Les tirs d'application ont pour objet d'exercer le soldat à tirer dans des conditions se rapprochant des tirs de guerre. On emploie dans ces tirs des objectifs consistant en silhouettes, buts à éclipse, des cibles tombantes, etc.

D'où proviennent les causes d'irrégularité dans le tir?

Ces causes proviennent généralement du tireur, des circonstances atmosphériques ou de l'arme.

A quoi sont dues les causes d'irrégularité imputables au tireur?

Ces causes sont dues habituellement au déplacement de l'arme produit au départ du coup, quand le tireur exerce sur la détente une action brusque et saccadée. Ce mouvement n'est pas exécuté par le doigt seul; il participe à un mouvement général du corps, causé par l'idée de la détonation et du recul.

Qu'est-ce que le recul?

C'est l'effet de la force qui pousse l'arme en arrière au moment du départ du coup.

Quels sont les effets du vent soufflant vers le tireur, de la pluie et de la neige?

La portée est diminuée.

Quel est l'effet du vent soufflant de l'arrière?

La portée est augmentée.

Quel est l'effet du vent de côté?

Le vent de droite jette la balle à gauche, celui de gauche jette la balle à droite.

Quel est l'effet du vent soufflant obliquement?

Un vent soufflant obliquement d'arrière et à droite, augmente la portée et rejette la balle à gauche ; un vent soufflant d'avant et à gauche, diminue la portée et rejette la balle à droite; etc.

Quel est l'effet de la température?

La portée diminue quand la température s'abaisse; elle augmente dans le cas contraire.

Quel est l'effet du soleil?

Si le soleil est à droite, le guidon est éclairé à droite et le coup porte à gauche; si le soleil est à gauche, le guidon est éclairé à gauche et le coup porte à droite.

Que doit connaître le soldat pour être sûr de bien régler son tir ?

Le soldat doit parfaitement connaître son fusil, de façon qu'il puisse régler son tir d'après les résultats obtenus et l'influence des circonstances atmosphériques au moment du tir.

Comment appelez-vous la ligne suivant laquelle le projectile sort du canon ?

Le projectile sort du canon suivant l'axe du canon; l'axe du canon indéfiniment prolongé s'appelle la ligne de tir.

Le projectile suivra-t-il la ligne suivant laquelle il est lancé ?

Non; il s'abaisse constamment sous l'influence de la pesanteur en même temps que sa vitesse est ralentie par la résistance de l'air.

Quelle forme et quel nom prend la ligne que suit le projectile ?

La ligne que suit le projectile en s'avançant et en s'abaissant progressivement est une courbe; cette courbe s'appelle la trajectoire du projectile.

Qu'appelle-t-on portée ?

C'est la distance horizontale qui sépare le tireur du point de chute, c'est-à-dire du point où la trajectoire rencontre la ligne de mire.

Quelle est la portée maximum du fusil modèle 1886 M. 93 ?

Le fusil a une portée maximum de 3.200 mètres, mais sa hausse n'est graduée que jusqu'à 2.000 mètres.

Quel est l'objet des tirs individuels de combat?

C'est de placer le soldat dans des conditions se rapprochant de celles où il peut être appelé à faire usage de son arme isolément.

Ces tirs s'exécutent à distance inconnue; le soldat choisit lui-même la hausse et la position à prendre.

CHAPITRE V

LE TIRAILLEUR AU COMBAT. — APPRÉCIATION DES DISTANCES

(Règlement de manœuvres du 3 décembre 1904, titre II, art. IV, et règlement sur l'instruction du tir du 31 août 1905, chap. II, 1re partie.)

Comment les tirailleurs portent-ils leur arme?

Les tirailleurs portent leur fusil à la main; le bout du canon en l'air.

Comment se protègent-ils des projectiles ennemis et utilisent-ils leur arme?

Ils utilisent tous les couverts du terrain pour s'abriter et faire le meilleur usage de leur arme; ils conservent toujours une position leur permettant de tirer sur l'ennemi. Lorsqu'ils peuvent appuyer à la fois le fusil et le corps, ils réunissent les conditions les meilleures pour bien tirer et tirer sans fatigue.

Qu'appelle-t-on couverts?

On appelle couverts les obstacles tels

que haies, moissons et hautes cultures, broussailles, etc., qui masquent le tireur sans le protéger des coups.

Qu'appelle-t-on abris?

On appelle abris les obstacles tels que les murs, levées de terre, etc., qui protègent le tireur contre les balles. L'abri arrête à la fois les vues et les projectiles adverses.

Tous les arbres protègent-ils le tireur?

Non; un arbre de moyenne grosseur est un abri peu sûr; il faut un arbre de la grosseur d'un homme pour arrêter les balles aux petites distances.

Quel est l'avantage des murs comme abris?

Les murs en pierre ou en brique, même de petite épaisseur, abritent contre le feu à toutes les distances.

Quelle est la règle absolue que le soldat doit observer pour tirer?

Pour tirer, le soldat doit chercher avant tout à voir, puis à se couvrir et à s'abriter, enfin à trouver un appui pour son arme.

Quels sont les avantages des positions du tireur à genou, debout ou couché?

Les tirailleurs sont moins exposés couchés qu'à genou et à genou que debout; ils tirent généralement mieux à genou que couchés; ils tirent plus vite debout que dans toute autre position.

Quels sont les principes que le soldat isolé doit appliquer relativement au tir?

Le soldat isolé doit tirer le moins possible. En principe, il ne tire que quand il en a reçu l'ordre lorsqu'il doit pourvoir à sa propre défense, ou, dans des cas exceptionnels, pour signaler l'approche de l'ennemi.

Il doit avoir son fusil approvisionné; il charge au moment de tirer.

Que doit faire le soldat isolé avant de tirer?

Avant de tirer, le soldat doit apprécier la distance afin de juger si le tir est justifié par la nature et par l'éloignement du but et pour se donner toutes les chances de l'atteindre, en prenant la hausse convenable.

A quelles distances le tir du soldat isolé est-il justifié?

A 400 mètres sur un isolé, fantassin ou cavalier; à 600 mètres sur un groupe d'au moins quatre hommes.

Il est souvent avantageux d'attendre, pour commencer le feu, que le but soit plus rapproché.

Quel est le point à viser?

Le point à viser est le bord inférieur de la partie visible du but.

Si le but se déplace transversalement, on vise le bord du côté de la marche.

Par un vent soufflant de côté, on vise le bord du côté d'où vient le vent.

Qu'est-ce qu'apprécier une distance?

C'est évaluer la distance qui sépare le tireur du but à atteindre.

Qu'appelle-t-on étalonner son pas?

Etalonner son pas, c'est savoir combien on fait de pas, à l'allure ordinaire, pour parcourir 100 mètres.

L'étalonnage du pas sert à mesurer les distances en les parcourant. Ce n'est pas un moyen pratique de mesurer les distances au combat, mais il permet parfois de contrôler les appréciations des distances.

Comment le soldat étalonne-t-il son pas?

Il parcourt plusieurs fois des distances mesurées sur un terrain plat. Il sait alors combien il fait de pas pour parcourir un certain nombre de mètres et combien il y a de mètres dans une distance mesurée au pas.

Quelles sont les distances que le tireur isolé doit savoir apprécier exactement?

Celles de 400 et de 600 mètres, qui correspondent à celles auxquelles le tir du soldat isolé est justifié.

Comment le soldat isolé apprécie-t-il les distances?

A la vue; en tenant compte de la netteté avec laquelle il distingue les différentes parties du corps, de préférence les parties supérieures, l'habillement, l'équipement, etc.

Ainsi, à 400 mètres, par exemple, il cesse d'apercevoir la figure, mais il distingue encore les bras, etc.

Les observations sont personnelles et varient avec la vue de chaque soldat.

N'y a-t-il pas un moyen pratique de mesurer la distance de 600 mètres?

On procède de la manière suivante : en mettant en joue, si la hauteur du guidon au-dessus de son embase couvre la hauteur d'un fantassin, on conclut que celui-ci est à environ 600 mètres.

A 1.000 mètres, la hauteur du guidon couvre un cavalier. Si la hauteur couverte est la moitié ou le tiers, la distance est deux ou trois fois moindre.

Qu'appelle-t-on camarades de combat?

Les deux tirailleurs d'une même file; ils restent l'un à côté de l'autre, s'aidant mutuellement.

Que doit faire un des deux tirailleurs quand son camarade est mis hors de combat?

Il prend ses cartouches et continue la lutte en se joignant, s'il y a lieu, au groupe le plus voisin.

Comment les tirailleurs se portent-ils en avant dans l'offensive?

Ils utilisent les cheminements défilés, c'est-à-dire ceux qui les cachent à l'ennemi; ils ne se préoccupent pas de l'alignement, mais s'écartent le moins possible de la direction. A défaut de couvert, le chemin qui conduit le plus rapidement à l'abri indiqué par le chef est le meilleur.

Le tirailleur peut-il s'arrêter lorsque la marche en avant est prescrite?

Non, le tirailleur ne doit pas s'arrêter sans ordre, quelle que soit la violence du feu de l'ennemi. Lâcher pied serait un déshonneur et le danger diminue lorsque l'abri vers lequel on marche est atteint.

Comment opère le tirailleur dans la défensive?

Le tirailleur attend l'assaillant, sans crainte, convaincu de l'arrêter par son feu s'il s'aventure aux petites distances.

En quoi consiste la discipline du feu?

C'est de commencer le feu et de le cesser immédiatement au commandement du chef, prendre la hausse fixée, s'attacher à bien voir le but à battre et le viser très exactement; en un mot, se conformer strictement aux ordres du chef.

Au combat, le soldat doit observer rigoureusement la discipline du feu.

Peut-on tirer en marchant?

Non, le tir est toujours exécuté de pied ferme et ajusté; le tirailleur ne doit jamais cesser de viser avec soin. La rapidité du feu ne doit être obtenue que par la promptitude du chargement.

Les tirailleurs peuvent avoir une confiance inébranlable dans la puissance de leur fusil; s'ils se conforment aux ordres de leurs chefs, ils infligeront à l'adversaire des pertes qui ralentiront son feu et diminueront les périls du combat.

Dans quel cas le tirailleur choisit-il lui-même le but et la hausse?

Le tirailleur choisit lui-même le but et la hausse lorsqu'il est isolé ou toutes les fois que, par suite de circonstances particulières, il n'a pu recevoir de ses chefs ou recueillir auprès de ses camarades l'indication du but et de la hausse; il doit toujours penser à économiser ses munitions et cesser le feu lorsque l'objectif disparaît.

Quels sont les résultats produits par l'assaut à la baïonnette?

L'assaut à la baïonnette a pour résultat de chasser définitivement l'adversaire de la position qu'il occupe; son succès dépend de la valeur du soldat et c'est à lui qu'en revient la gloire.

Dès le début de l'action, chaque soldat doit ardemment désirer l'assaut, comme le moyen suprême d'imposer sa volonté à l'ennemi et de gagner la victoire.

Que fait le soldat lorsqu'il n'a pas entendu un ordre?

Il se renseigne près de ses voisins; mais il importe qu'il soit très attentif, de façon à les entendre directement de son chef.

Man. du fantassin.   3

Que font des tirailleurs qui échappent momentanément à l'action de leurs chefs pendant le combat?

Ils doivent se réunir aux groupes les plus voisins, participer à leur mouvement et obéir aux ordres de ceux qui les commandent.

Tout soldat valide qui abandonne ses camarades ou ses chefs et reste en arrière sans ordres commet une lâcheté.

Instruction du tireur dans la section.

(Règlement de manœuvres du 3 décembre 1904, titre III, et Règlement sur le tir du 31 août 1905, IIe partie.)

Quel est l'objet des tirs préparatoires de groupe?

C'est d'habituer le soldat à saisir rapidement les indications du chef et à observer la discipline du feu.

Ils ont aussi pour but d'amener le soldat à tirer sur un objectif commun au groupe.

Le soldat doit être persuadé qu'en visant avec la ferme volonté de toucher chacun de ses coups aura plus de chance de porter.

Qu'appelle-t-on manœuvres avec tir réel?

Ce sont des manœuvres au cours desquelles la troupe ou une partie de la troupe tire à balles.

Comment s'exécute généralement le feu?

Le feu s'exécute généralement par rafales, courtes, subites et violentes, exceptionnellement par salves. Dans certains cas, le feu est exécuté par des tireurs désignés individuellement.

Qu'appelle-t-on feu à cartouches comptées?

Le feu à cartouches comptées est celui dans lequel le chef indique le nombre de balles à tirer, nombre que le soldat ne doit jamais dépasser.

Qu'appelle-t-on feu à volonté?

C'est un feu dont l'exécution est laissée à l'initiative du soldat, mais sous la réserve d'employer utilement ses munitions. Il a pour but d'accabler l'ennemi de projectiles, de préparer la marche en avant ou d'arrêter l'assaillant.

Qu'appelle-t-on feu à répétition?

C'est un feu exécuté aussi rapidement que possible en utilisant les cartouches contenues dans le magasin.

Qu'appelle-t-on feu par salves?

C'est un feu exécuté à commandement. Le commandement de *feu* du chef n'implique pas le départ immédiat du coup, qui ne doit partir que quand le pointage est assuré. Ce feu n'est utilisé que dans des circonstances exceptionnelles, comme les combats de nuit, les attaques de cavalerie, ou dans les moments de crise.

A quel moment approvisionne-t-on le magasin?

Dès que le combat paraît imminent, le soldat approvisionne son magasin, sur l'ordre du chef de section.

Quand et comment le chargement de l'arme et le tir sont-ils exécutés?

Dès que le combat par le feu est commencé, le tirailleur charge son fusil de lui-même après avoir pris position. Il attend pour tirer l'indication de la nature du feu et le commandement de *feu!*
Les commandements *A (tant) de mètres* et *Sur (tel but)* ne sont répétés que lorsqu'il est nécessaire de modifier la hausse et le but à battre. S'il n'est pas fait de nouveaux commandements, les tirailleurs conservent la hausse employée précédemment et tirent sur le même but.

Comment est transmis le commandement de cesser ou de suspendre le feu?

Ce commandement, donné par le chef de section, est transmis par les serre-files, qui se portent au besoin sur la ligne de feu pour se faire comprendre.
Tout tirailleur qui a entendu le commandement de *Cessez le feu* ou celui de *Déchargez* a le devoir strict de le répéter à ses voisins.

Que font les tirailleurs au commandement de Ralliement?

Ils se réunissent le plus rapidement possible auprès du chef de section et dans la formation qu'il indique, sans chercher à reprendre leur place normale.

Que font les tirailleurs au commandement de Rassemblement?

Ils se portent vers le chef de section et se forment dans la formation qu'il indique. Chaque soldat s'aligne sur le centre après avoir pris sa place normale dans le rang.

CHAPITRE VI

NOTIONS SUR L'ARMEMENT
ET LES MUNITIONS.

(Instruction du 8 février 1903. Service en campagne, n° 90.)

Quel est le calibre du canon dans le fusil modèle 1886 M. 93?

La dimension de l'âme du canon ou le calibre est de 8 millimètres.

Que remarque-t-on dans l'âme du canon?

Quatre rayures inclinées de droite à gauche et faisant un tour sur 24 centimètres.

Quel est le rôle de ces rayures?

De forcer la balle à s'y mouler et à recevoir un mouvement de rotation autour de son axe favorable à la conservation de la direction et de la vitesse.

Quelle est la vitesse de la balle à sa sortie du canon?

638 mètres environ à la seconde et 610 mètres à 25 mètres de la bouche du canon.

Quel est le poids du fusil?

4 kil. 240 sans la baïonnette, fusil vide.

4 kil. 415 sans la baïonnette, magasin chargé à 8 cartouches.

4 kil. 700, fusil vide avec la baïonnette.

Quelle est la longueur du fusil?

1^m,825 avec la baïonnette;

1^m,30 sans la baïonnette.

Que distinguez-vous dans la cartouche?

La balle et l'étui contenant la poudre et l'amorce. La cartouche de balle M. 1886 a 75^{mm} de longueur.

De quelle matière est faite la balle et quel est son poids?

La balle est en plomb durci recouvert d'une enveloppe de maillechort; elle pèse 15 grammes.

Que distinguez-vous dans l'étui?

Le collet où s'engage la balle, le culot et son bourrelet, le couvre-amorce qui contient l'amorce.

Quelle est la charge de poudre?

2 grammes 75.

Quel est le poids total de la cartouche?

29 grammes 75.

Quel est l'approvisionnement individuel de cartouches du soldat?

120 cartouches en 15 paquets de 8 cartouches.

Au moment du combat, l'approvisionnement peut-il être augmenté?

Il peut être augmenté de 66 cartouches environ par homme à l'aide des munitions portées par les voitures de compagnie, munitions qu'on distribue généralement dès que le combat est imminent.

Comment, au cours du combat, l'approvisionnement en munitions est-il augmenté?

Il est augmenté d'abord par les cartouches retirées aux camarades mis hors de combat, et, en outre, par des approvisionnements portés par des voitures d'artillerie qui constituent ce qu'on nommé les sections de munitions et qui donnent un total de 110 cartouches environ par soldat d'infanterie.

Ainsi donc, sans compter les munitions retirées aux morts et aux blessés, le tirailleur dispose d'environ 296 cartouches sur la ligne de bataille.

De plus, des dispositions sont prises pour augmenter encore ce nombre au moyen des ressources des parcs d'artillerie.

Est-il permis au soldat engagé au combat de se porter vers l'arrière pour chercher des cartouches quand il n'en a plus?

Non, il est formellement interdit de quitter son poste pour quelque motif que ce soit, qu'il s'agisse de chercher des munitions ou qu'il soit question d'accompagner un blessé.

Les munitions nécessaires sont d'ailleurs portées sur la ligne de tirailleurs d'après les ordres donnés par le chef de bataillon ou par le colonel.

CHAPITRE VII

CLASSEMENT DES TIREURS. — RÉCOMPENSES DE TIR

(Annexes n⁰ˢ 5 et 6 du Règlement sur le tir du 31 août 1905.)

Comment sont classés les tireurs après l'exécution des tirs de l'année?

Les tireurs sont classés par le capitaine, d'après les résultats obtenus dans toutes les parties de l'instruction du tir.

Le capitaine nomme tireurs de 1ʳᵉ classe tous les soldats bons tireurs; les autres sont notés comme tireurs assez bons, médiocres ou mauvais, et inscription de cette désignation est faite sur un feuillet, appelé feuillet de tir, qui est inséré dans le livret individuel.

Quelle est la distinction donnée aux très bons tireurs à la fin de l'année?

Les très bons tireurs reçoivent du capitaine un cor de chasse en drap, qui est porté sur la manche gauche de la capote, de la veste et de la tunique. Un soldat ou caporal au plus sur cinq armés du fusil peut recevoir cette distinction.

N'y a-t-il pas des tirs de concours exécutés après le classement des tireurs?

Des tirs de concours consistant en tirs d'application à durée limitée sont organisés dans le régiment ou dans le bataillon de chasseurs, pour les meilleurs tireurs.

Les soldats appelés à prendre part à ces concours sont désignés par le capitaine.

Quelles sont les récompenses accordées à la suite des concours?

Les récompenses consistent en épinglettes en argent, dont une avec cor de chasse en argent doré, que le tireur porte sur le côté gauche de la poitrine et en cors de chasse brodés portés sur la manche de la veste, de la capote et de la tunique.

Il est attribué en outre des médailles en argent et en bronze.

Les cors de chasse en drap ou brodés et les épinglettes sont-ils toujours conservés par les tireurs qui les ont obtenus?

Le cor de chasse en drap n'est conservé l'année suivante par un tireur que si son classement lui donne droit à nouveau à cette distinction.

Les cors de chasse brodés et les épinglettes sont la propriété du tireur, qui les porte pendant toute la durée de son service actif, quel que soit son classement à la deuxième ou à la troisième année.

Les très bons tireurs et les tireurs récompensés ne sont-ils pas l'objet de citations?

Les noms des tireurs qui ont obtenu les médailles, les épinglettes et les cors de chasse brodés sont mis à l'ordre du régiment.

· Le capitaine fait afficher dans les chambres l'état nominatif des tireurs qui ont obtenu des récompenses.

De plus, ces récompenses sont inscrites sur le feuillet de tir du livret individuel, ainsi que celles obtenues avant l'incorporation.

Quel est le gradé qui, dans la compagnie, est chargé de l'établissement des feuillets de tir et de la comptabilité du tir?

C'est un sergent désigné par le capitaine et qui prend le nom de sergent de tir.

INSTRUCTION DU SOLDAT
DANS LES DIVERS SERVICES

CHAPITRE Ier

SERVICE INTÉRIEUR

Marques extérieures de respect.

(Chap. XXXVI.)

Comment le soldat témoigne-t-il de son respect envers ses supérieurs?

Par son attitude correcte en leur présence et, lorsqu'il les rencontre ou leur parle, en les saluant et en prenant la position militaire que comporte sa tenue.

Quelle est la forme du salut sans armes?

Pour saluer sans armes, porter la main droite ouverte au côté droit de la visière, la main dans le prolongement de l'avant-bras, les doigts étendus et joints, le pouce réuni aux autres doigts, la paume de la main en avant, le bras sensiblement horizontal et dans l'alignement des épaules, les yeux regardant la personne saluée.

L'attitude du salut est prise et quittée d'un geste vif et décidé, mais sans brusquerie ni raideur,

Si le soldat est arrêté, il fait face du côté du supérieur; s'il est assis, il se lève, et prend pour saluer la position du soldat sans armes; s'il est en marche, il salue quand il est à six pas et continue à marcher en gardant l'attitude du salut ou salue à hauteur de la personne, jusqu'à ce qu'il l'ait dépassée, suivant qu'il croise ou qu'il dépasse cette personne.

En pénétrant chez un supérieur, le soldat salue et ne se découvre que s'il en reçoit l'autorisation.

Dans un lieu public, le salut ne se renouvelle pas.

Quelles sont les formes du salut en armes?

Le soldat conserve l'arme au pied s'il est arrêté : il laisse l'arme sur l'épaule droite s'il est en marche. S'il rencontre un officier ou si un officier passe devant lui, il rend les honneurs en mettant l'arme sur l'épaule droite.

Quelles sont les formes du salut au drapeau?

Le soldat met l'arme sur l'épaule droite, qu'il soit arrêté ou en marche.

Comment un soldat porteur d'un pli pour un officier remet-il ce pli?

En saluant ou en prenant la position de l'arme sur l'épaule droite et en présentant le pli de la main gauche. Se porter ensuite à six pas en arrière et attendre dans la position du soldat reposé sur l'arme ou sans arme.

Quelle est la forme du salut envers un officier entrant dans une chambrée?

Le caporal de chambrée ou le premier homme qui aperçoit l'officier, commande : FIXE, si l'officier n'est pas officier supérieur; *A vos rangs*, Fixe, si l'officier est officier supérieur ou général. Au commandement de Fixe, tous les hommes se découvrent, se lèvent s'ils sont assis et gardent l'immobilité. Au commandement de : *A vos rangs*, Fixe, les hommes se placent au pied de leur lit et s'alignent, les hommes en armes prennent la position du soldat reposé sur l'arme.

Tenue.

(Chap. XLIV.)

Combien y a-t-il de tenues?

Quatre. La tenue du matin, portée jusqu'à une heure; la tenue du jour, portée à partir de une heure, qui est la tenue habituelle; la grande tenue et la tenue de campagne qui se prennent dans des circonstances prévues ou sur un ordre.

Quelles sont les prescriptions concernant les cheveux et la barbe?

Les cheveux doivent être coupés courts, surtout derrière; les soldats portent la moustache et la mouche ou la barbe entière assez courte pour ne pas masquer les écussons du collet; les favoris sont interdits.

Dans la compagnie, qui est chargé de couper les cheveux et de raser le soldat?

Le perruquier de la compagnie; il ne lui est rien dû pour ce service. Ses outils sont achetés et entretenus sur les fonds de la masse d'habillement (fonds particulier de la compagnie).

Hygiène des hommes.

(Chap. LIV.)

Quels sont les soins de propreté personnelle du soldat?

Chaque jour, au lever, se nettoyer la tête, se rincer la bouche et se laver avec soin la figure et les mains; employer une serviette propre, jamais celle d'un camarade, changer de linge de corps une fois au moins par semaine. Le linge sale qui ne peut être envoyé tout de suite au blanchissage est séché, plié et placé dans la poche du havresac. Prendre un bain par aspersion tous les quinze jours au moins, se laver les pieds et les jambes une fois par semaine au moins et chaque fois qu'il est nécessaire, notamment à la suite des marches.

Quelles sont les mesures prescrites pour la tenue des chambres?

Au réveil, découvrir le lit en relevant et ployant successivement au pied du lit les différentes parties de la fourniture. Les lits restent ainsi découverts pendant une heure au moins, enlever la poussière sous le lit et sur la planche à bagages. Un homme de chambre est commandé pour 24 heures; il est à la disposition du caporal de chambrée pour les détails d'ordre et de propreté, il nettoye la chambre et porte les ordures au dehors.

Tous les samedis, les planchers sont lavés et frottés avec du sable humide, les vitres sont nettoyées, les couvertures et matelas battus au grand air. Autant que possible on ne doit pas nettoyer et surtout battre les effets dans les chambres.

Quelles sont les prescriptions particulières à observer par le soldat?

Il est défendu de mettre du linge entre la paillasse et le matelas, de manger sur les lits, d'y déposer des aliments, d'y écrire, de s'y coucher avec la chaussure au pied, de fumer dans les chambres, de cracher et de vider les pipes ailleurs que dans les crachoirs, d'entrer dans les chambres avant d'avoir décrotté ses chaussures.

Quelles sont les autres prescriptions intéressant l'hygiène?

Il ne faut pas trop se couvrir, ne pas serrer la cravate ni les autres effets d'habillement. Pendant la nuit, ne pas se couvrir la tête avec le drap de lit. Ne faire usage pour boire que des eaux indiquées. Il est interdit de boire à la cruche dans les chambres; on doit toujours se servir du quart.

Quelles sont les prescriptions hygiéniques concernant les marches et les manœuvres?

Mettre des chaussures assouplies, graisser les parties délicates du pied avec l'ingrédient en usage à la compagnie; à l'étape se nettoyer les pieds avec un linge humide et les essuyer, ne pas se laver les pieds à grande eau; ne pas boire de grandes quantités d'eau pendant la marche, boire lentement et à petites gorgées, pas de boissons alcooliques. A la grande halte ou à l'arrivée, manger un peu avant de boire, on ne doit pas se mettre en route à jeun, on ne doit manger des fruits qu'avec modération. Au repos, éviter les endroits humides ou trop froids, le vent; se donner du mouvement si l'on se refroidit, ne pas s'étendre sur l'herbe, on peut disposer le mouchoir en couvre-nuque quand on y est autorisé, ne pas se dévêtir à l'arrivée. Si l'on veut changer de linge, opérer rapidement à l'abri des courants d'air.

Police de la chambrée.

(Art. 71, 180, 155, 143, 156.)

Qui est chargé de la police dans la chambrée?

Le caporal le plus ancien, ou à défaut et en l'absence d'un caporal, le soldat de 1re classe le plus ancien ou, à défaut, le plus ancien soldat de 2e classe.

Quels sont les devoirs du chef de chambrée?

D'empêcher tous les propos et tous les actes contraires au bon ordre; de faire cesser les jeux lorsqu'ils occasionnent des querelles, de veiller à ce que toutes les prescriptions relatives à l'hygiène personnelle des hommes et à la tenue des chambres soient observées. Il fait l'appel du soir.

Que devez-vous faire au cas où un homme de la chambrée est malade gravement?

Prévenir le chef de chambrée qui prend les mesures nécessaires pour avertir l'infirmier de garde et rendre compte au sergent-major.

Comment les hommes indisposés se font-ils porter malades?

A l'appel du matin, ils donnent leur nom au caporal de chambrée. Le sergent de semaine dresse la liste des malades et la remet au sergent-major qui en fait inscription sur le cahier de visite médicale. Le sergent de semaine réunit les malades à l'heure prescrite et les conduit à la visite, il est porteur du cahier de visite.

Les hommes allant en permission ou rentrant de positions d'absence sont-ils conduits à la visite ?

Les hommes allant en permission, rentrant des hôpitaux ou d'une absence de plus de huit jours sont portés sur le cahier de visite par le sergent-major et présentés avec les malades par le sergent de semaine.

Effets d'habillement, d'équipement, et de literie.

Quels sont les effets d'habillement du soldat ?

La capote, la tunique, la veste, le pantalon de drap, le pantalon de toile, le bourgeron, les épaulettes, le képi, le képi de grande tenue ; il en est constitué ordinairement trois collections : la collection n° 1 ou tenue de guerre ou de parade, habituellement dans le magasin de la compagnie ; la collection n° 2, tenue d'extérieur ; la collection n° 3, tenue d'instruction.

Quels sont les effets de petit équipement que le soldat doit avoir en permanence ?

1 paire de bretelles, 3 chemises, 2 caleçons, 2 cravates, 2 mouchoirs, 2 paires de guêtres de toile, 2 paires de brodequins, 2 serviettes, 1 calotte de coton, 1 paire de souliers de repos, 1 étui-musette, 1 pompon, 1 quart, 1 gamelle individuelle, 1 cuiller, 1 boîte à graisse, (1 fiole à tripoli collective).

Il doit avoir, en outre, dans un sac à brosses :

1 brosse à habit, 1 brosse double à chaussures, 1 brosse à lustrer, 1 brosse à patience, 1

patience, 1 brosse à fusil, 1 brosse à graisse, 1 martinet.

Enfin, il est muni d'une trousse qui renferme :

1 bobine garnie de fils, 6 aiguilles, 1 paire de ciseaux, 1 dé à coudre, 1 sac à clous.

Quels sont les effets dits de grand équipement ?

1 ceinturon garni, 3 cartouchières (1), 1 bretelle de suspension, 1 porte-épée, 1 bretelle de fusil, 1 havresac.

Quels sont les effets de campement ?

En temps ordinaire, 1 petit bidon et sa courroie.

En manœuvres ou en campagne, par escouade : 2 grandes gamelles, 4 marmites, 2 seaux en toile, 1 moulin à café pour 2 escouades, 2 sacs à distribution.

Quels sont les effets de literie ?

1 châlit en fer ou en bois avec 3 planches, 1 paillasse ou un sommier Thuau sans paillasse, 1 matelas, 1 paire de draps, 1 traversin, 1 couverture et 1 couvre-pied pendant l'hiver.

Les hommes peuvent-ils prêter ou dissiper les effets qui leur sont remis pour le service ?

Les soldats ne peuvent se prêter leurs effets quels qu'ils soient ; s'ils les vendent ou s'en approprient qui ne leur appartiennent pas, qu'ils les aient trouvés ou pris, ils sont passibles de conseil de guerre.

---

(1) 2 cartouchières dans les régiments de zouaves et de tirailleurs algériens où la bretelle de suspension n'est pas en usage.

Alimentation et ordinaires.

(Chap. LVII, art. 188 et Règlement du 22 avril 1905.)

Qu'entendez-vous par un ordinaire ?

C'est la réunion d'hommes de troupe vivant en commun au moyen des fonds qui leur sont alloués individuellement.

Combien la compagnie forme-t-elle d'ordinaires ?

Habituellement un seul ou un par escouade, en route ou en manœuvres.

Quels sont les fonds qui sont alloués au soldat pour l'alimentation et sont versés à l'ordinaire ?

Ces fonds comprennent :

1° La prime de viande, dont le taux varie avec les garnisons et les époques de l'année;

2° La prime fixe de 22 centimes par jour.

La prime de viande et la prime fixe s'appellent prestations normales;

3° Quatre sortes de primes appelées prestations éventuelles qui sont allouées sur l'ordre spécial du Ministre et dans certaines circonstances : pour boissons hygiéniques (primes n° 1 et n° 2, dont le taux est de 5 et de 10 centimes), pour les marches et manœuvres (prime n° 3 de 15 centimes), enfin pour les marches et manœuvres des troupes alpines (prime n° 4, 0 fr. 20);

4° Enfin, des indemnités spéciales à certaines garnisons;

L'ordinaire ne bénéficie-t-il pas aussi d'une indemnité à l'occasion de la fête nationale?

L'ordinaire bénéficie, le 14 juillet, d'une indemnité de 30 centimes par homme.

Quel est le taux de la ration de viande journalière achetée avec la prime de viande?

Le taux de la ration de viande est de 320 grammes.

Le soldat ne reçoit-il pas des vivres en nature?

Il a droit, par jour, à une ration de pain de 750 grammes, ou un pain de 1.500 grammes pour deux jours. La ration de pain de guerre est de 600 grammes; celle de pain biscuité, de 700 grammes.

Le soldat ne perçoit-il pas de l'argent de poche?

Il lui est alloué, par jour, 5 centimes, qui constituent sa solde.

Comment sont perçues les denrées au compte de l'ordinaire?

Un caporal d'ordinaire est désigné chaque mois par le capitaine ; tous les jours il reçoit du sergent-major la note des denrées nécessaires ; il demande au sergent de semaine des hommes de corvée et se présente avec eux chez les fournisseurs ou au magasin de la commission des ordinaires.

Les hommes de corvée peuvent-ils intervenir dans les marchés avec les fournisseurs autres que la commission des ordinaires ?

Ils ont le droit de débattre le prix et d'aller chez d'autres fournisseurs offrant de meilleures conditions de prix et de qualité. Les fournisseurs sont payés comptant et de la main à la main en présence de la corvée.

Comment sont préparés les aliments ?

Chaque compagnie fournit un cuisinier (toque et tablier bleus) désigné pour trois mois au plus et un aide de cuisine changé toutes les semaines. Par bataillon, un cuisinier de profession remplit les fonctions de cuisinier-chef et il peut être maintenu en permanence. Il porte une toque et un tablier blancs. Le café est fait par un ou plusieurs soldats désignés par le chef de corps, ils sont pourvus de toques et de tabliers cachou.

Quelle est la tenue des cuisiniers ?

Blouse et pantalon de toile, sabots, tablier et toque.

Permissions.

(Chap. XLVI.)

Quelles sont les permissions que peut demander un soldat ?

La permission de ne pas assister à un repas, donnée par le caporal d'escouade; la permission de changer de tour de garde, donnée par l'adjudant; la permission de l'exercice, donnée par le capitaine; la permission du rassemblement quotidien de la compagnie, donnée par l'adjudant ou le sergent-major en son absence; la permission de dix heures et de minuit, donnée par le capitaine pour rester dans la garnison; la permission de s'absenter de la garnison jusqu'à concurrence de 30 jours, donnée par le colonel.

Comment les permissions qui nécessitent un titre sont-elles demandées ?

Par l'intermédiaire du sergent-major qui présente au capitaine toutes les demandes des soldats.

Un soldat en permission peut-il demander une prolongation ?

Oui, s'il en a obtenu préalablement l'autorisation de son chef de corps.

A qui s'adresse-t-il alors ?

Au général commandant la subdivision de région où il se trouve, à qui il présente en même temps l'autorisation de son chef de corps.

Que doit faire un soldat muni d'un titre de permission pour éviter toute infraction ?

Lire attentivement les dispositions de son titre de permission et s'y conformer exactement.

Quelles sont les punitions qu'encourt un soldat dépassant une permission ?

Une punition au corps, ou une peine de prison de deux ans au moins prononcée par un conseil de guerre, s'il n'a pas rejoint 15 jours après l'expiration de sa permission, car il est alors déclaré déserteur.

A quoi s'expose un soldat qui s'absente sans permission ?

A une punition de prison au corps ou, si l'absence dure plus de six jours, à un emprisonnement de deux ans au moins prononcé par le conseil de guerre pour désertion.

Punitions.

(Chap. XLVII.)

Quelles sont les fautes que répriment les punitions ?

* Les fautes contre la discipline.

Énumérez les fautes contre la discipline ?

Les murmures, mauvais propos ou défaut d'obéissance, quelque raison qu'on croie avoir de se plaindre ; l'infraction aux punitions ; l'ivresse, même quand elle ne trouble pas l'ordre ; le dérangement de conduite ; les dettes ; les querelles entre des militaires ou avec des citoyens ; le manque aux appels, à l'instruction, aux différents services ; les contraventions aux ordres et aux règles de police ; enfin, toute faute contre le devoir militaire, provenant de négligence, de paresse ou de mauvaise volonté.

Quand les fautes prennent-elles un caractère de plus grande gravité?

Lorsqu'elles sont réitérées et surtout habituelles ou collectives; quand elles ont lieu pendant la durée du service; quand elles peuvent causer du scandale ou entraîner du désordre.

De quelle nature sont les punitions ?

Les punitions sont, suivant la nature de la faute :

Les corvées supplémentaires, pour fautes légères dans la compagnie; l'inspection avec la garde, pour négligence dans l'entretien des effets et des armes; la consigne au quartier pour les fautes légères contre la discipline; la salle de police, pour manque à l'appel du soir, mauvais propos, désobéissance, querelles, ivresse; la prison et la cellule pour les fautes plus graves, commises pendant un service ou en état d'ivresse; le renvoi de la 1re à la 2e classe, prononcé par le colonel, pour fautes graves répétées: l'envoi aux compagnies de discipline, prononcé par le Ministre pour des actes collectifs d'indiscipline, ou par le général de division, d'après l'avis d'un conseil de discipline, pour conduite dépravée ou des fautes graves habituelles que les peines disciplinaires ne peuvent plus réprimer, et qui sont de nature à porter le trouble et le mauvais exemple dans le corps, enfin pour mutilation volontaire après l'incorporation ou pour simulation persistante d'infirmités.

Quelle mesure prend-on à l'égard des soldats punis de prison ou de cellule au moment de leur libération ?

Ils sont maintenus au corps pour y subir intégralement leur punition, s'ils sont libérés par anticipation.

Quelle mesure prend-on à l'égard des soldats qui, pendant la durée de leur service légal, ont subi des punitions de prison ou de cellule?

Ils sont maintenus au corps après le départ des hommes de leur classe pendant un nombre de jours égal au nombre de journées de prison ou de cellule qu'ils ont subies. Si ce nombre dépasse soixante journées, ils peuvent être maintenus trois mois au moins et un an au plus d'après la décision du conseil de discipline.

Les punitions sont-elles inscrites sur des pièces où elles doivent figurer en permanence?

Oui, sur les feuillets de punitions et les livrets matricules.

Certificat de bonne conduite.

(Chap. LI.)

Qu'est-ce que le certificat de bonne conduite?

Le certificat de bonne conduite est une pièce signée par le chef de corps, comme président de la commission spéciale des certificats de bonne conduite, et approuvée par le général de brigade, dans laquelle il est certifié que le titulaire a tenu une bonne conduite pendant le temps qu'il est resté sous les drapeaux et qu'il y a constamment servi avec honneur et fidélité.

Le soldat peut-il recevoir un duplicata de son certificat de bonne conduite?

Non, il n'est jamais délivré de copie ou de duplicata du certificat de bonne conduite. Il ne peut non plus être délivré d'attestation de bons services ou de moralité.

Quels sont les soldats qui ne reçoivent pas de certificat de bonne conduite?

Ceux qui se sont mal conduits.

Le refus ou l'obtention du certificat de bonne conduite est-il mentionné sur une pièce permanente?

Sur le livret matricule seulement.

Réclamations.

(Chap. LII.)

Le soldat peut-il réclamer?

Oui, individuellement; les réclamations collectives ne sont pas autorisées.

A qui la réclamation doit-elle être présentée?

Au capitaine, après lui en avoir demandé l'autorisation par le sergent-major. Si la réclamation n'est pas accueillie, le soldat peut demander à s'adresser au colonel, soit verbalement soit par écrit, puis aux généraux. Les réclamations aux généraux sont toujours formulées par écrit.

A quel moment peut-on réclamer contre une punition?

Après s'être soumis à la punition et dès qu'elle a commencé.

Routes à l'intérieur.

(Chap. LXI.)

Comment est annoncé le départ de la colonne?

Une demi-heure avant le départ, les tambours et clairons battent et sonnent le rappel. La compagnie se rassemble en armes et bagages à l'endroit qui a été indiqué.

A l'arrivée au gîte comment le soldat se rend-il à son logement?

La compagnie est généralement arrêtée au lieu de rassemblement pour le départ du lendemain. Les ordres sont lus, le service est commandé et le fourrier distribué le pain et les billets de logement; les soldats se rendent aussitôt, s'ils ne sont retenus pour un service ou une punition, à l'adresse portée sur leur billet. Les soldats qui n'ont pu arriver en même temps que la colonne, trouvent leur billet de logement au poste de police où il a été déposé par le fourrier. Les billets erronés ou non acceptés par l'habitant sont rapportés au fourrier ou à la mairie. Il en est délivré d'autres, s'il y a lieu.

Quels sont les droits des soldats dans leur logement?

Ils ont droit à un lit pour deux, à la place au feu et à la lumière, et aux ustensiles nécessaires pour préparer et manger le repas.

Comment le soldat peut-il obtenir ce qui lui est dû lorsque son hôte le lui refuse?

Il avertit le sergent de section. Ce sous-officier prévient l'officier de peloton qui s'adresse à la mairie.

Comment les malades sont-ils visités ?

Tous les jours à l'heure fixée, ils se réunissent au poste de police où, en présence du sergent de semaine, ils sont visités et pansés. Ceux qui sont autorisés à placer leur havresac sur les voitures, le déposent au réveil et rejoignent leur compagnie avant le départ. Ceux qui sont autorisés à marcher avec les voitures ou à y monter se rendent au poste de police après avoir répondu à l'appel de leur compagnie.

CHAPITRE II

SERVICE DES PLACES

Organisation du service de garnison.

(Titre III, chap. V et VI.)

Qu'appelle-t-on service de garnison dans une place ou ville ouverte ?

Le service que les troupes ont à faire pour la garde de la place et de ses établissements et pour le maintien de l'ordre public.

Qu'est-ce que le commandant d'armes ?

C'est l'officier le plus ancien dans le grade le plus élevé présent dans la garnison ; il détermine le service que les troupes ont à fournir, règle le nombre, l'emplacement et la force des postes, le nombre des sentinelles, donne les ordres et les consignes, prescrit les rondes et les patrouilles, etc.

Qu'est-ce que le major de la garnison?

C'est un officier supérieur désigné par le commandant d'armes pour diriger et surveiller, sous son autorité, les détails du service de garnison.

Dans quel cas le commandant d'armes remplit-il en même temps les fonctions de major de la garnison?

Lorsqu'il n'est pas d'un grade supérieur à celui de chef de bataillon.

Qu'est-ce que les fonctions d'adjudant de garnison?

Ce sont celles des officiers qui sont employés, sous les ordres du major de la garnison, à la surveillance du service de place dans les villes occupées par plusieurs corps. Dans les villes où il n'y a qu'un seul corps, l'adjudant-major de semaine, secondé par un adjudant, remplit les fonctions d'adjudant de garnison.

Combien y a-t-il de tours de service?

Trois. Le premier tour, service à l'extérieur, pour les détachements, escortes, etc., relevés après un certain nombre de jours; le deuxième tour, service à l'intérieur qui comprend : 1° les gardes de la place, les gardes de police, les plantons, ordonnances et le piquet, service relevé toutes les vingt-quatre heures; 2° les gardes et escortes d'honneur; 3° les travaux militaires; enfin le troisième tour, service individuel pour les rondes et députations des officiers et sous-officiers.

Qu'est-ce que les gardes de la place et les gardes de police?

Les gardes de la place sont celles qui occupent en ville les postes fixés par le commandant d'armes. Les gardes de police sont celles qui, dans chaque caserne, assurent la police intérieure; elles sont sous la surveillance spéciale de l'adjudant-major de semaine.

Qu'est-ce que les plantons et ordonnances?

Ce sont des hommes chargés d'un service déterminé par le commandant d'armes ou prévu par le service intérieur. Ils sont inspectés avec les hommes de garde et se rendent directement à destination.

Qu'est-ce que le piquet?

Le piquet est une fraction constituée, destinée à fournir les détachements et les gardes qui peuvent être appelés à marcher extraordinairement pendant les vingt-quatre heures. Les hommes de piquet ne peuvent quitter la caserne.

Exécution du service de garde.

(Titre III, chap. X.)

Quels sont les devoirs généraux des sentinelles?

Les sentinelles ont toujours baïonnette au canon; elles peuvent être l'arme au pied ou porter l'arme sur l'une ou l'autre épaule, mais elles ne doivent jamais la quitter, ni la mettre à la bretelle, même dans la guérite; lorsqu'elles sont dans le cas de se mettre en défense, elles croisent la baïonnette.

Elles doivent toujours garder une attitude militaire, il leur est défendu de s'asseoir, de lire, siffler, chanter, fumer, de parler à qui que ce soit sans nécessité, de s'écarter de leur guérite de plus de trente pas. Elles ne laissent faire ni dégradation ni ordures aux environs de leur poste ; elles doivent protection, sans quitter leur poste, à tout individu dont la sûreté est menacée.

Par qui doivent-elles être relevées ?

Elles ne se laissent relever que par les caporaux ou fonctionnaires caporaux du poste.

Comment doivent-elles répéter leurs consignes ou en recevoir ?

Elles ne doivent répéter leurs consignes ou en recevoir de nouvelles qu'en présence du chef de poste, du sergent ou des caporaux.

Que fait une sentinelle qui a besoin de se faire relever ?

Elle crie : CAPORAL, VENEZ RELEVER.

Dans quelles circonstances les sentinelles doivent-elles donner l'alerte ?

Dans trois circonstances. Si elles aperçoivent un incendie, elles crient : AU FEU ; si elles entendent du bruit ou voient commettre un délit ou du désordre, lorsqu'un individu est poursuivi par les cris publics, elles crient : A LA GARDE (elles agissent de même pour faire arrêter tout individu rôdant autour des établissements militaires, lorsque la consigne en a été donnée par le commandant d'armes) ; si elles ont à rendre les honneurs, elles se conforment aux mesures que comportent les honneurs à rendre.

Quelles règles observe-t-on pour le placement des sentinelles?

Les plus anciens soldats de 1re classe sont mis en faction de préférence devant les armes et aux postes les plus éloignés ou les plus importants.

Comment une sentinelle devant les armes reconnaît-elle une troupe passant devant le poste pendant le jour?

Elle crie : Aux armes et se met l'arme sur l'épaule droite.

Comment une sentinelle devant les armes reconnaît-elle une troupe passant à portée du poste pendant la nuit?

Elle crie : Halte-là! aux armes. Si la troupe continue à marcher, elle répète : Halte-là! et croise la baïonnette.

Quand les sentinelles devant les armes crient-elles encore aux armes?

Lorsqu'elles entendent battre ou sonner la générale; lorsqu'elles aperçoivent un officier général, le commandant d'armes, les officiers de visite des postes et certains corps constitués qui lui sont désignés.

Comment la sentinelle devant les armes reconnaît-elle une patrouille ou une ronde?

La sentinelle devant les armes reconnaît une patrouille de la même façon qu'une troupe passant pendant la nuit à portée du poste. Elle reconnaît une ronde par le cri de : Halte-là! et celui de Qui vive! Quand il lui a été répondu par l'indication de la dénomination de la ronde, elle crie : Caporal, ronde de... (suivant la dénomination donnée).

Combien y a-t-il de sortes de rondes?

Quatre. La ronde de commandant d'armes, la ronde major, la ronde d'officier, la ronde de sous-officier. Toutes les rondes sont précédées d'un soldat porteur d'un falot allumé.

Comment la sentinelle placée à la porte du quartier annonce-t-elle l'arrivée du chef de corps ou des officiers généraux qui se présentent pour visiter le quartier?

Elle crie : AUX ARMES.

Comment les sentinelles isolées reconnaissent-elles les patrouilles et les rondes?

Elles crient : HALTE-LA! puis : QUI VIVE! et lorsqu'il a été répondu *Patrouille* ou *ronde*, elles crient : AVANCE AU RALLIEMENT et croisent la baïonnette.

Si une troupe armée ne s'arrête pas au cri de HALTE LA! d'une sentinelle isolée pendant la nuit, que fait cette sentinelle?

Elle répète : HALTE-LA! croise la baïonnette et crie : AUX ARMES, pour que ce cri soit transmis au poste.

Quand agit-elle encore de même?

Lorsqu'une patrouille ou une ronde arrêtée ne donne pas le mot de ralliement ou en donne un faux.

Qu'est-ce que le mot de ralliement?

C'est un mot qui varie chaque jour et qui est donné par le caporal aux sentinelles; c'est le nom d'une bataille ou d'une ville ou d'une vertu civile ou guerrière.

Man. du fantassin. 4

Qu'est-ce que le mot d'ordre?

C'est un mot qui varie comme le mot de ralliement et qui est donné aux chefs de postes, aux caporaux de garde et aux chefs des rondes et patrouilles. C'est le nom d'un grand homme, d'un général célèbre ou d'un brave mort au champ d'honneur.

Comment se placent les sentinelles pour rendre les honneurs?

Elles s'arrêtent, font face du même côté que leur guérite et régularisent la position lorsque les personnes à qui les honneurs sont dus sont arrivées à six pas d'elles; elles restent en position jusqu'à ce qu'elles aient été dépassées de six pas.

A quoi s'expose une sentinelle qui dort étant en faction ou qui quitte son poste? un homme de garde qui s'absente du poste sans autorisation?

A une peine de deux à six mois de prison prononcée par un conseil de guerre.

Comment est punie l'insulte à une sentinelle?

Par une peine de six jours à un an de prison.

Que doit faire une sentinelle insultée?

Elle arrête l'insulteur, quel que soit son grade, ou le fait arrêter et conduire au poste. Si elle est frappée, elle fait usage de ses armes.

CHAPITRE III

TRANSPORT DES TROUPES EN CHEMIN DE FER

Alimentation.

Quels sont les vivres qu'emporte le soldat à la mobilisation ?

Le soldat reçoit avant le départ :

1° Des vivres du sac ou de réserve, comprenant 2 jours de pain de guerre, 2 jours de petits vivres (riz ou légumes secs, sel, sucre, café en tablettes), 2 jours de viande de conserve et 2 jours de potage condensé. Ces vivres forment une réserve, qui ne peut être consommée que sur l'ordre du commandement, en l'absence de toute distribution régulière ;

2° Des vivres de débarquement, comprenant 2 jours de pain et 2 jours de peti s vivres. Ces vivres sont destinés à être consommés pendant les deux jours qui suivent l'arrivée à destination ;

3° Des vivres de chemins de fer. Ces vivres comprennent : *a*) des vivres fournis par l'administration militaire à raison de 375 grammes de pain, 125 grammes de conserve de viande, 5 grammes de sel, par période de 12 heures ou inférieure à 12 heures ; *b*) de repas fournis par l'ordinaire, à raison d'un par 24 heures et comprenant de la viande froide, de la charcuterie, du fromage ; *c*) de café chaud servi dans des stations dites haltes-repas à raison de 25 centilitres par homme et par période de 12 heures.

Au passage dans ces stations les hommes peuvent remplir leurs petits bidons d'eau additionnée d'eau-de-vie.

Les vivres de débarquement sont généralement portés à la gare du départ par des voitures.

Tenue.

Quelle est la tenue pour les transports en chemin de fer?

Généralement, la tenue de campagne. La gamelle individuelle contenant les repas froids sera placée sur le sac de façon à pouvoir être facilement enlevée. Le quart et la cuiller sont dans l'étui-musette ainsi que le pain et la viande de conserve (vivres de chemins de fer). Les petits bidons contiennent ordinairement de l'eau mélangée d'eau-de-vie ou de café.

Placement dans les wagons.

Comment sont disposés les hommes pour monter en wagon?

Ils ont été répartis par groupes correspondant à la contenance des wagons et ont reçu le numéro du wagon à occuper ; un sous-officier désigné comme chef de wagon désigne à son tour des chefs de compartiment s'il y a lieu. Le groupe est conduit sur quatre rangs devant le wagon qui lui est affecté et arrêté par quatre face à ce wagon. Au signal : *En avant,* donné par les clairons, les soldats enlèvent leur sac qu'ils posent devant eux, le chef de chaque file remet son sac et son fusil au deuxième homme de la file, monte en wagon, reçoit son fusil et successivement les fusils des autres hommes. Il place les fusils ensemble et les fixe contre la paroi du wagon au moyen de deux pitons et d'une courroie de sac, ou en utilisant les filets et crochets existant. Il reçoit ensuite les sacs et les place tant sous les banquettes que sur les places qui doivent rester libres. Les hommes montent ensuite.

Quels sont les wagons qui sont affectés à l'embarquement des troupes et combien d'hommes doivent-ils contenir?

Les troupes sont embarquées dans des wagons à voyageurs ou à marchandises aménagés. Dans les wagons à voyageurs il n'est occupé que huit places sur dix, si la troupe voyage armée et équipée; si la troupe n'est pas équipée, toutes les places sont occupées. Dans les wagons à marchandises, si la troupe est armée et équipée, il est placé 32, 36 ou 40 hommes suivant l'indication portée sur le wagon; 40 hommes quelle que soit la contenance du wagon, si la troupe n'est pas équipée.

Police et discipline.

Par qui est assuré le service de police pendant la route et les arrêts?

Par une garde de police qui fournit des factionnaires aux issues, fontaines, buffets, etc.

Elle voyage avec les hommes punis de cellule dans le wagon qui précède ou qui suit celui des officiers.

Quelles sont les défenses faites aux hommes ?

1° De passer la tête et les bras par les portières ; 2° d'ouvrir les portières on volets ; 3° de passer d'une voiture dans une autre ; 4° de pousser des cris et de chanter ; 5° de descendre aux stations avant les sonneries ; 6° de fumer dans les wagons où il a été mis de la paille en raison du froid ; 7° de jeter hors des wagons des objets quelconques et notamment des bouteilles.

Quelles sont les haltes où les hommes peuvent descendre ?

Les haltes de dix minutes et plus. Elles sont annoncées par la sonnerie de *Halte;* les hommes descendent ou restent dans les wagons à volonté. A la sonnerie de : *En avant,* tout le monde remonte.

Dans les haltes de moins de dix minutes, sur quelle autorisation les hommes peuvent-ils descendre ?

Sur l'autorisation de l'officier de la garde de police, lorsqu'il passe devant le wagon.

Comment s'effectue le débarquement à l'arrivée ?

Les hommes ont été prévenus avant l'arrivée en gare de se tenir prêts à descendre; ils rectifient leur tenue et à la sonnerie de la marche du régiment ils descendent et se forment devant leurs wagons; ils reçoivent des chefs de file leur sac, puis leur fusil.

CHAPITRE IV

SERVICE EN CAMPAGNE

(Instruction pratique du 5 septembre 1902)

Définitions.

(S. C., titres IV et VI.)

Dans quelles situations peut se trouver une troupe en campagne en dehors du combat ?

1° En marche ; on appelle « colonne » la réunion de troupes en marche ; 2° en station ; on appelle cantonnement les lieux habités où les troupes stationnent à l'abri ; on appelle bivouacs les emplacements où les troupes stationnent en plein air ou sous des abris improvisés.

Quelles sont les mesures de précaution que doivent prendre les troupes en campagne dans ces diverses situations ?

Elles doivent organiser, si elles ont de la cavalerie, un service de sûreté éloigné et, dans tous les cas, un service de protection immédiate.

Comment sont désignés les détachements qui assurent la protection immédiate ?

Avant-garde, flanc-garde et arrière-garde, pour la protection des colonnes ; avant-postes, pour la protection des troupes stationnées.

Qu'entend-on par cantonnement d'alerte ?

Un cantonnement où les troupes sont installées

et tenues prêtes de façon à pouvoir être réunies immédiatement sous les armes. Les rez-de-chaussée sont occupés de préférence, les portes maintenues ouvertes, des issues supplémentaires préparées, les rues et l'intérieur des locaux éclairés pendant la nuit, les troupes groupées par fractions constituées, les officiers au milieu d'elles, les hommes habillés en permanence.

Qu'entend-on par cantonnement-bivouac ?

Un cantonnement où l'on utilise, outre les locaux couverts, les cours et jardins attenant à ces locaux. Les rues et chemins doivent rester libres.

Qu'entend-on par camps ?

On appelle camps les bivouacs où les troupes sont installées sous la tente où dans des baraques pour un séjour prolongé.

Qu'entend-on par campement?

La réunion du personnel chargé de reconnaître et de préparer un cantonnement ou un bivouac.

Quelle est la composition du campement d'un régiment d'infanterie ou d'un bataillon formant corps ?

Un officier, un adjudant par bataillon, le fourrier, un caporal et deux soldats par compagnie, la garde de police montante, si l'ordre en est donné.

SERVICE DE SURETÉ

Avant-garde, flanc-garde, arrière-garde.

Quelle-est la mission générale des avant-gardes?

Assurer la sécurité de la colonne en avant et sur les flancs quand la colonne n'a pas une très grande profondeur; refouler ou contenir l'ennemi; réparer la route s'il est nécessaire.

Comment se fractionne un bataillon en avant-garde?

Il n'y a pas de fractionnement fixe, mais habituellement le bataillon se fractionne en *gros,* trois compagnies; *tête,* une compagnie détachant en *pointe* une section, si la pointe n'est pas fournie par la cavalerie.

Comment se fractionne une compagnie avant-garde?

Il n'y a pas non plus de fractionnement fixe mais la compagnie peut se fractionner en *gros,* trois sections; *tête,* une section détachant une escouade en *pointe.*

Quelle est l'avant-garde d'une compagnie isolée?

Cette avant-garde est variable, elle est habituellement d'une section, détachant une escouade précédée d'éclaireurs.

Quelle est l'avant-garde d'une section, demi-section, escouade?

La section a pour avant-garde une escouade précédée d'éclaireurs; la demi-section ou l'escouade isolée se couvre seulement par des éclaireurs.

Quelle est la mission de la pointe d'avant-garde?

La pointe doit examiner avec soin le terrain en avant et sur les flancs, reconnaître les obstacles sur la route ou à proximité, refouler les patrouilles ennemies et rendre compte de tout ce qu'elle observe. Elle est toujours précédée d'éclaireurs sous les ordres d'un sous-officier; en principe elle est commandée par un officier.

Quelle est la mission de la tête d'avant-garde?

Elle doit appuyer et renforcer la pointe, reconnaître sur les côtés de la route les obstacles trop éloignés pour être fouillés par la pointe.

Quelle est la mission du gros de l'avant-garde?

Il doit renforcer et appuyer la tête; en cas d'attaque prendre ses dispositions pour couvrir le déploiement de la colonne.

Qu'appelle-t-on flanc-gardes?

On appelle flanc-gardes des détachements chargés de protéger les flancs ou le flanc découvert d'une colonne en marche contre des postes ennemis qui essaient de la tourner et d'y jeter le désordre. Elles opèrent comme les avant-gardes ou les avant-postes. Dans les petites colonnes, les flanc-gardes se composent de simples

patrouilles d'éclaireurs postées à quelques cen-
taines de mètres sur les flancs

Quelle est la mission de l'arrière-garde?

Observer et assurer la protection eu arrière.

*Dans la marche en avant, quelle est la force
de l'arrière-garde?*

La force est variable avec les circonstances.
Souvent elle est d'un peloton pour un régiment,
d'une section pour un bataillon, d'une escouade
pour une compagnie ; elle marche à 200 mètres
en arrière de la troupe ou des voitures ; elle
détache une section ou une escouade à 100
mètres en arrière.

*Quelle est la force de l'arrière-garde dans
les marches rétrogrades?*

Habituellement celle qu'aurait l'avant-garde.

Avant-postes.

Quelle est la mission des avant-postes ?

Assurer en avant et latéralement la protection
immédiate des cantonnements ou bivouacs du
gros des troupes, à une distance telle que ces
cantonnements ou bivouacs soient à l'abri d'une
surprise par un tir efficace de l'ennemi.

*Après une marche en avant, quelles sont les
troupes de la colonne qui fournissent les
avant-postes ?*

Les troupes de l'avant-garde, en totalité ou
en partie.

*Après une marche rétrograde, quelles sont
les troupes qui fournissent les avant-postes ?*

Généralement des troupes prises dans le gros de la colonne. Elles s'installent avant l'arrivée de l'arrière-garde; celle-ci, après les avoir traversées, se retire sur le lieu de stationnement qui lui a été indiqué.

Enumérez les échelons d'un réseau complet d'avant-postes ?

1° La réserve des avant-postes; elle est, en général, d'un effectif au moins égal à la moitié de l'effectif total des avant-postes : 2 compagnies au moins pour un bataillon d'avant-postes;

2° Les grand'gardes; l'effectif habituel d'une grand'garde est d'une compagnie. Un bataillon d'avant-postes détache une ou deux compagnies de grand'garde;

3° Les petits postes et postes d'examen; l'effectif maximum d'un petit poste est d'une section, son effectif minimum est de 6 à 8 hommes permettant de fournir une sentinelle double à proximité du poste. Les petits postes sont détachés par les compagnies de grand'garde jusqu'à concurrence de deux sections au plus par compagnie. Les postes d'examen sont fournis par la réserve des avant-postes

4° Les sentinelles; elles sont détachées par les petits postes.

Les avant-postes comportent-ils des troupes de cavalerie ?

Oui, en principe. Quelques cavaliers sont détachés auprès de chaque grand'garde pour assurer la liaison avec les autres échelons du réseau des avant-postes. De plus, pendant le jour, la cavalerie des avant-postes assure l'observation en avant des grand'gardes par des patrouilles, des postes spéciaux ou des vedettes. Pendant la nuit, la cavalerie des avant-postes, moins les cavaliers détachés aux grand'gardes, se repose à la réserve des avant-postes.

Les petites unités constituent-elles un réseau complet d'avant-postes?

Elles suppriment une partie des échelons et s'entourent complètement. La brigade, le régiment et le bataillon ne placent habituellement que des grand'gardes; leur gros sert lui-même de réserve. La compagnie ne se couvre que par des petits postes : elle se considère comme étant tout entière en grand'garde.

Installation et service des avant-postes.

Comment s'installe la réserve des avant-postes et quels services assure-t-elle ?

En arrivant près de l'emplacement où elle doit stationner, la réserve des avant-postes prend d'abord position en un point convenable, afin de protéger le déploiement des échelons plus avancés. Ce déploiement effectué, elle s'installe au bivouac ou en cantonnement d'alerte, suivant les ordres. Les hommes se reposent, prêts à prendre les armes; personne ne doit s'éloigner. Une garde de police assure l'ordre et la surveillance intérieure et extérieure. Les distributions sont faites, des corvées portent aux grand'gardes les denrées qui leur reviennent. Le commandant des avant-postes s'établit à la réserve.

Comment s'installe une grand'garde ?

Les fractions désignées pour fournir les petits postes se détachent du gros de la compagnie pour gagner l'emplacement désigné par le commandant de la grand'garde et couvrent leur marche, chacun pour son propre compte, par des patrouilles qui dépassent la ligne que les sentinelles auront à occuper.

Pendant ce temps, le commandant de la grand'garde sous la protection des fractions qui le précèdent, dirige sa troupe vers le terrain à occuper et l'arrête sur l'emplacement choisi. Il organise le piquet, désigne les gradés et soldats appelés au service des rondes et des patrouilles, donne des ordres pour l'alimentation et la corvée et met la troupe au repos, après avoir placé une sentinelle devant les armes.

Comment s'installe un petit poste ?

Le chef de poste laisse les malades et les cuisiniers à la grand'garde et se porte sur l'emplacement qui lui est indiqué, sous le couvert de patrouilles. Il désigne les chefs de patrouille, les gradés de ronde et les hommes qui doivent les accompagner, il fait numéroter les hommes affectés au service des sentinelles en autant de groupes de trois ou quatre files qu'il y a de sentinelles doubles à fournir, les mêmes hommes devant toujours fournir la même sentinelle. Le poste forme alors les faisceaux, avec une sentinelle devant les armes ; les corvées, les patrouilles, les rondes reconnaissent le terrain à parcourir, et, lorsque la liaison est établie avec les postes voisins, les hommes peuvent se reposer sans quitter leur équipement. La nuit, tout le monde veille ; il est interdit généralement de fumer et d'allumer des feux.

Quelle est la force d'un petit poste?

En terrain ordinaire, une section, demi-section ou escouade ; en terrain couvert, six à huit hommes.

Consignes des sentinelles.

(S. C. et instruction pratique, titre IV, chapitre IV.)

Qu'entendez-vous par sentinelle double ?

Deux sentinelles réunies sur un emplacement fixe ; l'un des deux hommes est fixe et observe, l'autre peut se déplacer pour parcourir les abords immédiats du terrain qui échappent à la surveillance de la sentinelle fixe.

Combien y a-t-il de signaux pour les sentinelles ?

Un seul pour appeler le chef du petit poste. Il y a, en outre, des signaux de reconnaissance pour arrêter les rondes, les patrouilles et toutes les personnes qui se présentent.

Quels sont les devoirs généraux des sentinelles aux avant-postes ?

Être attentives de l'œil et de l'oreille, ne pas s'envelopper la tête, choisir un point de repère fixe et apparent pour ne pas se tromper sur la direction à observer, ne se dissimuler que si elles le peuvent tout en exerçant leur surveillance d'une manière effective, ne pas se laisser distraire par l'apparition d'un supérieur, ne pas rendre d'honneurs, ne s'asseoir ni se coucher, ne pas déposer le sac, être toujours prêtes à faire feu, ne faire feu, cependant, que sur un ennemi bien reconnu ou constituant un danger immédiat. La nuit, mettre la baïonnette au canon. Laisser passer, pendant le jour, les officiers et les troupes pour lesquels elles ont reçu des consignes particulières ou qui appartiennent à la fraction de service aux avant-postes. Pendant la nuit arrêter toutes les personnes ou les troupes qui se présentent. En tout temps, éviter tout bruit et tout mouvement inutiles.

Quels sont les renseignements généraux qu'une sentinelle doit posséder ?

Elle doit connaître la direction de l'ennemi, qu'elle marque au besoin pour pouvoir la retrouver pendant la nuit ou en cas de brouillard ; savoir quel est l'ennemi qu'elle a devant elle et posséder à ce sujet ce qui lui est utile et ce qu'on a pu découvrir et lui montrer ; connaître son secteur de surveillance, les points marquants du terrain, les chemins qui conduisent vers l'ennemi, vers le petit poste ou les sentinelles voisines ; avoir des repères de tir avec leurs distances et les hausses à employer ; être renseignée sur l'emplacement des sentinelles voisines, du petit poste, de la grand'garde, du poste d'examen et sur les emplacements des postes voisins ; posséder le mot de ralliement et les signaux particuliers de reconnaissance de signal et d'appel, s'il y en a ; connaître les points de repli et la conduite à tenir dans les différents cas qui peuvent se présenter. Elle doit, en un mot, posséder toutes les données qui lui sont nécessaires et sont dictées par les circonstances pour assurer la surveillance, communiquer les renseignements et remplir complètement sa mission.

Si le chef du petit poste ou le sous-officier qui l'a placée néglige ou oublie de lui donner tous ces renseignements, elle doit les provoquer et se les faire répéter jusqu'à ce qu'elle les ait bien compris.

La mission d'une sentinelle est tellement importante qu'aucun détail ne doit être négligé.

Que doit faire la sentinelle lorsqu'il se présente des déserteurs ennemis ?

Leur ordonner verbalement ou par signe de déposer leurs armes, et, s'ils sont à cheval, de mettre pied à terre et de dessangler leurs chevaux ; faire feu sur eux s'ils n'obéissent pas ; appeler le chef du petit poste pour les reconnaître ou, s'il y a un poste d'examen, demander une patrouille pour les y conduire.

A quels signes se reconnaît un parlementaire ?

Généralement au drapeau blanc ou aux sonneries de trompette de l'homme qui l'accompagn.

Que doit faire la sentinelle lorsqu'il se présente un parlementaire ?

L'arrêter en dehors de la ligne des sentinelles, le faire tourner du côté opposé au poste et à l'armée, prévenir le chef du petit poste qui seul peut recevoir ses dépêches ou l'introduire après lui avoir fait bander les yeux ainsi qu'à son trompette. Toute conversation avec un parlementaire est rigoureusement interdite. S'il y a un poste d'examen, demander une patrouille pour y conduire le parlementaire et sa suite.

Qu'appelle-t-on poste d'examen ?

Un poste spécial établi près d'une route importante. Les sentinelles doivent connaître l'emplacement de ce poste quand il en existe un : elles y font conduire les parlementaires, déserteurs, prisonniers et toutes les personnes étrangères à l'armée qui demandent à entrer dans les lignes.

Pendant la nuit, comment les sentinelles détachées arrêtent-elles et reconnaissent-elles les personnes ou les troupes?

Elles crient : HALTE-LA ! ou font un signal convenu. Quand il n'a pas été obéi, elles répètent le cri ou le signal de halte et font feu si on ne s'arrête pas. Si on s'arrête, elles crient : QUI VIVE ! ou attendent qu'on réponde à leur signal par un autre signal connu d'elles ; s'il est répondu : FRANCE, RONDE OU PATROUILLE, elles crient : AVANCE AU RALLIEMENT. Elles reçoivent le mot de ralliement donné à voix basse par le chef de la troupe qui doit s'avancer seul et elles laissent passer. Si le chef de la troupe ne s'avance pas seul, ne donne pas le mot de ralliement ou n'a pas répondu par le signal convenu au signal d'arrêt, les sentinelles font feu et se replient sur le poste s'il est nécessaire.

Pendant le jour, quelle est la consigne des sentinelles devant les armes?

Observer les signaux, les répéter pour montrer qu'ils sont compris, les transmettre.

Pendant la nuit que font les sentinelles devant les armes quand on s'approche d'elles ?

Suivant la consigne qu'elles ont reçue, elles préviennent le chef de poste ou crient: AUX AR-

MES ! Les petits postes, la fraction de piquet des grand'gardes et la garde de police de la réserve prennent les armes pour les patrouilles, rondes et reconnaissances et tout ce qui s'approche d'elles pendant la nuit.

Comment les sentinelles sont-elles relevées ?

Elles sont relevées toutes les deux heures ou toutes les heures, suivant les ordres ; les sentinelles doubles sont relevées par moitié afin qu'il y ait toujours dans chaque groupe un homme connaissant le terrain et les consignes. Les mêmes hommes sont toujours affectés aux mêmes emplacements ; ils s'y rendent directement en choisissant des chemins dérobés à la vue de l'ennemi.

Que doit faire la sentinelle relevée ?

Elle doit passer sa consigne à son remplaçant après l'avoir reconnu pour appartenir au groupe qui fournit la sentinelle ou au petit poste ; elle lui communique les renseignements recueillis, lui fait connaître les points de repère qui lui ont été indiqués et rentre en se dérobant aux vues du dehors.

Comment sont constituées et placées les sentinelles des postes de huit à six hommes?

Ces sentinelles sont doubles ; elles ont les consignes générales habituelles ; les hommes du poste s'assoient ou se couchent à une cinquantaine de pas en arrière, bien dissimulés ; ils gardent leur arme à portée.

Rondes, patrouilles, reconnaissances.

(S. C. et instruction pratique, Titre IV, chapitre IV.)

Par qui sont faites les rondes ?

Par un officier ou un sous-officier accompagné de deux ou trois hommes armés.

Quelle est la mission des rondes ?

Les rondes s'assurent que le service est bien fait sur la ligne des sentinelles et des petits postes ; elles restent à l'intérieur de la ligne des sentinelles.

Comment sont composées les patrouilles et par qui sont-elles détachées ?

Les patrouilles sont de force variable, mais toujours composées d'au moins trois hommes commandés par un caporal, un sous-officier ou un officier. Elles sont envoyées par les petits postes, les grand'gardes ou la réserve au delà de la ligne des sentinelles pour explorer le terrain et observer l'ennemi. Pour éviter les méprises de nuit, les petits postes et les sentinelles sont avertis des heures et des lieux de sortie et de rentrée probables des patrouilles.

Les patrouilles de quelques hommes ne marchent pas groupées. Les hommes sont assez rapprochés pour se voir et se prêter appui, assez éloignés pour n'être pas coupés ou enlevés à la fois. Les patrouilles plus fortes sont groupées ; elles se font précéder de trois ou quatre éclaireurs. Les patrouilles marchent sans sac ; elles ne causent ni ne fument.

A quelles distances les patrouilles peuvent-elles être poussées?

Les petites patrouilles ne doivent pas, la nuit et en terrain coupé, dépasser de plus d'un kilomètre la ligne des sentinelles ; si les circonstances exigent qu'elles soient poussées plus loin, on augmente leur force. Au point du jour les patrouilles doivent reconnaître le terrain plus au loin ; elles ne rentrent qu'au grand jour.

Qu'appelle-t-on reconnaissance ?

On appelle reconnaissance un détachement placé sous le commandement d'un officier et composé d'infanterie ou de cavalerie, mais le plus souvent de troupes des deux armes. La mission des reconnaissances est d'aller chercher des renseignements que les simples patrouilles ne pourraient obtenir.

Devoirs des soldats éclaireurs.

(Service en campagne et instruction provisoire).

Qu'appelle-t-on éclaireurs ?

Les hommes chargés de précéder une troupe en marche pour fouiller le terrain en avant d'elle et lui éviter toute surprise.

Quelle est la conduite à tenir par les éclaireurs en avant d'une colonne en marche?

Fouiller le terrain sur la route suivie, en cheminant résolument à l'allure de marche et sans sacrifier à l'attention de se dissimuler le devoir de découvrir la route et ses côtés au plus loin possible; à cet effet, dépasser rapidement les coudes et obstacles gênant la vue, sauf à s'arrêter ensuite ou à ralentir l'allure pour reprendre la distance à garder avec l'éclaireur de communication ou la troupe à éclairer. Refouler les éclaireurs ennemis ou les enlever, s'il est possible; prendre position et ouvrir le feu en présence d'un ennemi en force.

Quelle est la conduite à tenir par les éclaireurs d'une patrouille et les patrouilles en général?

S'avancer avec précaution et, au besoin, de poste en poste; observer, éviter de s'engager et plus encore de se laisser couper; prendre pour cela un autre chemin au retour. Se dissimuler et chercher à attirer dans une embuscade un ennemi de force inférieure. Si l'ennemi est en force, avertir les petits postes en arrière et continuer à observer; s'il attaque, se replier en combattant. Tous les hommes d'une patrouille doivent connaître l'objet de la patrouille, le mot de ralliement et les signaux, afin de pouvoir rentrer isolément, si la patrouille est obligée de se disperser, en rapportant les renseignements cherchés.

Quelle est la conduite à tenir par les éclaireurs en avant d'une reconnaissance ne comprenant pas de cavalerie?

Elle ne diffère pas, sauf instructions contraires, de celles des éclaireurs précédant ou composant une patrouille.

Est-il une consigne commune aux sentinelles et aux éclaireurs en toutes circonstances?

Les sentinelles ou éclaireurs ne doivent jamais

se laisser dépasser par des personnes se dirigeant du côté de l'ennemi. Ces personnes sont arrêtées et envoyées au chef du petit poste, de la pointe, de la patrouille, etc.

SERVICE DE MARCHE

Exécution des marches.

Comment marche l'infanterie dans les colonnes en campagne?

Par le flanc, sur 4, 6, 8 et 16 rangs, en laissant autant que possible le côté gauche de la route libre pour la circulation.

Lorsque la marche a lieu en vue d'un combat immédiat, l'infanterie peut être appelée à marcher à travers champs ou à travers bois par 4 ou déployée.

Que doit-on faire avant le départ?

Autant que possible, les soldats doivent manger et porter sur eux un repas froid, les bidons sont remplis d'eau mélangée de café. Les feux doivent être éteints, les bivouacs ou cantonnements remis en ordre.

Qu'appelle-t-on halte horaire?

Une halte de dix minutes faite, en principe d'heure en heure, après chaque période de cinquante minutes de marche. L'heure de la première de ces haltes est fixée et connue de tous à l'avance.

Comment s'effectuent les haltes?

Un coup de corne prolongé fait par le chef de bataillon annonce le garde à vous pour la halte ; un coup de sifflet bref, répété par le commandant de compagnie donne le signal de halte, les compagnies se forment sur le côté droit de la route ; les compagnies subordonnées serrent à leur distance ; les faisceaux sont formés face au côté gauche de la route et les sacs déposés sans commandement. Les hommes ne dépassent pas la ligne des faisceaux.

La reprise de la marche est annoncée par un coup de sifflet prolongé ; les sacs sont repris et les faisceaux rompus, la troupe se reforme par 4. Au signal d'un coup de sifflet bref la marche est reprise au pas cadencé, l'arme sur l'épaule droite.

Après quelque minutes, on reprend le pas de route, l'arme à volonté.

Qu'appelle-t-on grand'halte?

Une halte d'une durée fixée et sur un emplacement déterminé et reconnu à l'avance, qui est faite habituellement, s'il y a lieu, aux deux tiers ou aux trois quarts du chemin à parcourir. Les hommes font un léger repas de café et de viande froide.

Quelles sont les prescriptions à observer pendant les marches?

Il est interdit de faire aucun cri de marche ou de halte, de siffler, de quitter les rangs sans autorisation. Tout homme autorisé à quitter momentanément les rangs doit remettre son fusil à son voisin ; il est tenu de rejoindre immédiatement.

Un détachement de police suit chaque corps et fait rejoindre les traînards ; le dernier détachement de police dans la colonne est renforcé de gendarmes ; il visite les localités traversées, arrête les maraudeurs et les traînards. Les malades et éclopés sont reçus par des voitures d'ambulance sur un billet du médecin.

Quelle est la composition du détachement de police d'un régiment?

Un officier ou un sous officier de la compagnie de queue. Il comprend un détachement de cette compagnie.

Quelles sont les prescriptions particulières aux marches de nuit?

Avant le départ, se reposer et dormir ; pendant la marche, garder l'ordre et le silence ; défense de fumer ou d'allumer des feux. Pendant la halte, ne pas s'éloigner ; dans les chemins difficiles, se reposer sur place sans former les faisceaux et sans quitter le rang.

Quels sont les honneurs à rendre pendant les marches?

En campagne, les troupes ne rendent d'honneurs ni pendant les marches, ni pendant les haltes.

Service dans les cantonnements et bivouacs.

Comment se fait le service dans les cantonnements et bivouacs?

D'une façon générale, d'après les règles contenues dans les règlements sur le service des places et le service intérieur dans les villes de garnison.

Quels titres prennent les officiers qui dirigent le service?

L'officier le plus élevé en grade, au lieu du titre de commandant d'armes qu'il aurait en garnison, prend le titre de commandant du cantonnement ou du bivouac. Si cet officier est général, et si des troupes de plusieurs corps sont réunies dans le cantonnement ou bivouac, il lui est adjoint un officier supérieur qui, au lieu du titre de major de garnison, prend le titre de major du cantonnement ou bivouac.

Comment est organisé le service intérieur dans les corps de troupe?

Le service de semaine est remplacé par le service de jour. Il est commandé chaque jour, dans un régiment, une compagnie de jour; dans un bataillon formant corps ou détaché, un peloton de jour. La fraction de jour fournit la garde de police, les autres gardes intérieures et le piquet. L'officier commandant la fraction de jour est chargé des distributions.

L'officier supérieur de jour a sous ses ordres la fraction de jour, les officiers de jour et l'adjudant-major de jour.

Quelle est la force et quelle est la mission d'une garde de police?

Dans un régiment, la garde de police est composée d'une section de la compagnie de jour sous le commandement du chef de section. Dans un bataillon formant corps ou détaché, la garde de police est composée d'une demi-section du peloton de jour commandée par le chef de demi-section.

Les gardes de police ont pour mission d'assurer l'ordre dans le cantonnement, de surveiller les équipages et les munitions, de garder les hommes punis, de fournir les sentinelles et plantons et les patrouilles nécessaires.

Dans les cantonnements ou bivouacs occupés par des troupes de plusieurs corps, la garde de police de l'un des corps est désignée comme poste central de police du cantonnement ou bivouac. Les autres gardes de police y détachent des plantons pour la transmission des ordres du commandant du cantonnement.

Qu'appelle-t-on piquet?

La partie disponible de la fraction de jour. Le piquet fournit les détachements et les gardes commandés extraordinairement, les hommes nécessaires à la réception et au transport des denrées destinées aux fractions de garde. Le piquet est sous les ordres de l'officier supérieur de jour; les hommes de piquet sont toujours habillés et équipés; les sacs sont prêts à être chargés. Les appels et inspections du piquet ont lieu sac au dos.

Qu'appelle-t-on poste de discipline?

C'est un poste détaché, s'il y a lieu, de la garde de police, pour recevoir les hommes punis de salle de police ou de prison.

Quels sont les devoirs du soldat au cantonnement ou bivouac?

Ne rien exiger des hôtes; recourir pour se faire donner droit, s'il y a lieu, aux sous-officiers ou officiers; ne pas s'éloigner; être constamment en état de prendre les armes. Le paquetage doit être fait tous les soirs, prêt à être complété et chargé rapidement.

Y a-t-il une prise d'armes tous les matins?

Tous les matins, à l'heure fixée par le commandement, les compagnies sont réunies prêtes à partir. C'est à ce moment que les ordres pour le départ sont communiqués.

Comment est assurée la sécurité des cantonnements ou bivouacs?

D'abord par les avant-postes, puis, par des sentinelles ou postes ordonnés par le commandant du cantonnement ou bivouac pour garder les issues ou abords immédiats; enfin, par des travaux, s'il y a lieu.

Comment les troupes s'installent-elles au cantonnement?

Elles sont arrêtées à l'entrée du cantonnement et personne ne doit y pénétrer avant le retour du commandant du campement. A ce moment les ordres sont donnés et les compagnies, conduites par les fourriers, vont s'établir dans leurs cantonnements. Vers le centre de ce cantonnement, le commandant de compagnie indique, avant de faire rompre, le point de ralliement que tous les hommes doivent connaître afin de pouvoir s'y rendre isolément au premier signal, même de nuit. C'est sur ce point que doivent être faites les réunions du matin pour le départ, les appels, etc. Il est désigné, en outre, des points de rassemblement pour les bataillons et pour le régiment.

Remplacement des munitions.

(S. C., titre VII. Voir en outre le chap. VI de la 1re partie.)

Comment est constitué l'approvisionnement des munitions en campagne?

Il est constitué :

1º De l'approvisionnement individuel (cartouches portées par les hommes) : 120 cartouches par homme ;

2º De l'approvisionnement porté par les voitures de compagnie : environ 66 cartouches par homme ;

3º De l'approvisionnement porté par les caissons des sections de munitions d'infanterie du parc d'artillerie du corps d'armée, environ 110 par homme.

Comment sont réparties les cartouches des malades ou absents?

On complète d'abord à 120 cartouches les approvisionnements individuels entamés puis, sur l'ordre du chef de corps, on distribue les cartouches restantes jusqu'à concurrence d'un paquet en sus du complet de l'approvisionnement individuel. Le chef de corps peut aussi ordonner que toutes les cartouches en excédent de l'approvisionnement individuel soient disposées sur les voitures de compagnie.

Les cartouches des voitures sont-elles toujours distribuées également entre tous les hommes?

Non, les compagnies ou bataillons destinés à être engagés en première ligne peuvent recevoir plus de cartouches que les compagnies ou bataillons placés en réserve ou en deuxième ligne.

Si on n'a pu distribuer les cartouches des voitures de compagnie avant le combat, comment procède-t-on ?

Des hommes sont désignés dans les compagnies de réserve pour apporter leurs cartouches d'augmentation aux compagnies de première ligne. Tout déplacement d'hommes d'avant en arrière pour chercher des munitions est absolument interdit.

Pendant le combat, comment l'approvisionnement individuel augmenté est-il alimenté sur la ligne de combat ?

On remplace les munitions consommées par les cartouches retirées aux hommes tués ou blessés ; les compagnies de réserve en envoient lorsque la consommation est estimée avoir atteint le tiers ou le quart de l'approvisionnement individuel augmenté, c'est-à-dire lorsqu'il ne paraît plus rester aux tireurs que 120 à 130 cartouches.

Comment s'effectue le transport des cartouches ?

Pour transporter en avant l'approvisionnement d'une voiture de compagnie, la compagnie de réserve désignée forme une corvée de 36 hommes. Les 24 premiers reçoivent chacun un bissac où sont mis 64 paquets, les 12 derniers sont destinés à remplacer ou relever les porteurs fatigués ou blessés. La corvée est conduite en ordre près des combattants, distribue les cartouches et retourne à sa compagnie ou à l'endroit où elle a déposé ses sacs, si elle y a été autorisée. La corvée peut être de 54 hommes, 36 porteurs et 18 de relève, s'il s'agit de transporter l'approvisionnement d'un caisson de munitions.

Quelle est la tenue des corvées de ravitaillement ?

En principe, tout l'équipement est gardé ; ce n'est qu'exceptionnellement que l'autorisation de déposer les sacs peut être donnée.

Que deviennent les bissacs reçus des voitures ?

Autant que possible, ils sont rapportés à la voiture d'où ils proviennent.

Quel est le personnel spécial affecté aux voitures de compagnie ?

1° Par compagnie : deux soldats conducteurs de la voiture de compagnie ;

2° Par bataillon : un sergent artificier chef du groupe des voitures du bataillon ;

3° Par régiment : un sergent-major chef artificier monté, chef des groupes de voitures.

Quelle est la place des voitures de compagnie pendant la marche ou le combat ?

Pendant la marche, à moins d'ordres contraires, les voitures de compagnie chargées de munitions suivent leur bataillon, réunies sous la conduite du sergent artificier. Pendant le combat, lorsqu'elles ont été vidées, elles sont réunies en un seul groupe par régiment, en arrière et à 1.000 mètres environ de la réserve du régiment, sous la conduite du sergent-major chef artificier.

Est-ce que les fourgons à bagages ne contiennent pas des munitions?

Les quatre ou cinq fourgons à bagages d'un régiment contiennent chacun une caisse blanche de cartouches. Ces cartouches sont destinées à l'escorte du convoi dont les fourgons font partie pendant les marches ou le combat.

Alimentation des troupes en campagne.

(S. C., titre VIII, et instruction ministérielle du 14 juin 1900.)

Comment est assurée l'alimentation journalière du soldat en campagne?

Toutes les fois que les circonstances le permettent, le soldat est nourri par l'habitant ou les communes. L'ordre en est donné par le commandement.

Quand on ne peut pas employer ce moyen, on exploite les ressources locales et on distribue directement aux troupes les denrées qui proviennent de cette exploitation.

A défaut de ressources locales ou lorsque ces ressources ne peuvent être réunies en temps utile, on utilise les approvisionnements portés par le train régimentaire.

Enfin, lorsque l'ordre en est donné, on consomme les vivres du sac.

De quoi se compose le repas fourni par l'habitant ou les communes?

La composition des repas est fixée par l'autorité militaire qui tient compte des usages du pays et s'attache à donner aux troupes une nourriture équivalente à la ration réglementaire.

Comment est constitué le train régimentaire ?

Le train régimentaire est constitué par des fourgons, qui portent deux jours de pain, petits vivres (un jour de riz, un jour de légumes secs, 2 jours de sel et de sucre, 2 jours de café en grain), lard, viande de conserve, potage condensé et avoine.

Le train régimentaire comprend aussi les voitures à bagages et une voiture à viande, destinée à transporter environ 500 kilog. (1.000 rations fortes) de viande fraîchement abattue, ainsi que l'outillage nécessaire pour abattre le bétail.

Ce bétail forme un troupeau qui est affecté à chacune des grandes fractions du corps d'armée.

Qu'entend-on par officier d'approvisionnement ?

Un officier chargé d'assurer l'approvisionnement du corps en denrées de toute nature, de faire la distribution et de commander le train régimentaire, c'est-à-dire la réunion des voitures à bagages et d'approvisionnement. Il est secondé par un sergent d'approvisionnement par bataillon.

Quand sont faites les distributions en campagne ?

En principe, on distribue chaque soir la viande et le combustible pour la soirée et la matinée du lendemain ; la paille de couchage pour le jour même ; le pain et les petits vivres pour toute la journée du lendemain.

La partie de la ration qui n'est pas consommée avant le départ du lendemain est portée dans l'étui-musette (pain, viande froide et petits vivres).

Qui est chargé de l'exploitation des ressources locales?

L'officier d'approvisionnement qui assure, en outre, les distributions aux compagnies du régiment et recomplète, s'il y a lieu, les vivres du train régimentaire.

De quoi se composent les vivres du sac ?

Les vivres du sac ou de réserve comprennent deux jours de pain de guerre, petits vivres (riz ou légumes secs, sel, sucre et café en tablettes), viande de conserve et potage condensé (distribué en même temps que la viande de conserve et consommé concurremment avec elle).

Ces vivres sont constitués sur le taux de la ration forte de campagne.

La ration de campagne peut-elle donc varier ?

Oui ; la *ration normale*, donnée dans les circonstances ordinaires, peut être renforcée en cas de fatigues exceptionnelles ; elle devient alors la *ration forte de campagne*. La composition de chacune des rations est fixée par le ministre de la guerre.

Les vivres du sac ne peuvent être consommés que quand l'ordre en est donné ; le soldat doit avoir le plus grand soin de les conserver ; leur perte ou leur consommation sans ordre peut entraîner une punition sévère.

Devoirs du soldat au combat.

(S. C., titre XIV, chap. V.)

Quels sont les sentiments qui doivent animer le soldat en campagne et au combat?

Il doit se rappeler que le salut de la patrie dépend de son aptitude à supporter virilement les fatigues et les privations de la guerre, comme de sa ténacité, de sa bravoure et de son entrain au feu.

Avant le combat, il envisagera les diverses sortes de périls qu'il aura à affronter et les façons d'en triompher qui sont : *le sang-froid*, par lequel il opposera, à la surprise d'un danger inattendu, le calme et la réflexion nécessaires pour en avoir raison; *l'utilisation méthodique et disciplinée de son arme*, dans laquelle il trouvera le moyen le plus sûr, non seulement d'abattre ses adversaires, mais encore de se soustraire aux influences troublantes de la lutte; enfin *l'audace et l'élan*, qui lui permettront de décontenancer l'ennemi, d'achever sa déroute et d'atténuer les risques à courir, car une fois en marche pour l'assaut, la meilleure manière de diminuer le danger consiste à aborder l'adversaire le plus tôt possible.

Ainsi préparé, il n'aura pas à se souvenir que ses chefs peuvent, au besoin, forcer son obéissance; il deviendra leur émule en initiatives heureuses, énergie et dévouement.

INSTRUCTION COMPLEMENTAIRE DU SOLDAT

CHAPITRE Ier

TRAVAUX DE CAMPAGNE

(Instruction du 15 novembre 1892 et lettre ministérielle
du 4 juillet 1896.)

Nomenclature des outils.

*Quels sont les outils dont disposent les troupes
d'infanterie ?*

Des outils portatifs, transportés par les hommes, et des outils de parc, transportés par les
voitures de compagnie ou des mulets de bât,
pour les bataillons alpins.

*Quel est l'assortiment d'outils portatifs d'une
compagnie ?*

12 outils de terrassiers qui sont : 8 bêches
(1 par demi-section) et 4 pioches (1 par section);
9 outils de destruction qui sont : 3 haches portatives (1 par escouade non pourvue de hachette
de campement); 4 pics à tête (1 par section);
1 scie articulée (au 1er peloton), 1 cisaille à
main (au 2e peloton). De plus 13 hachettes de
campement sont distribuées aux treize escouades non pourvues de hachettes portatives. En

résumé, chaque escouade a au moins deux outils, y compris les hachettes de campement.

*Dans les bataillons alpins quel est l'assorti-
ment d'une compagnie?*

8 outils de terrassiers qui sont : 4 bêches et
4 pioches ;
20 outils de destruction qui sont : 4 haches
portatives (modèle du génie), 4 pics à tête, 4
scies articulées, 8 serpes.

*Les sapeurs n'ont-ils pas un assortiment spé-
cial?*

Oui, ils sont pourvus de 13 outils de destruction qui sont : 6 haches portatives (modèle du
génie), 6 pics à tête, 1 scie articulée.

*Quel est l'assortiment porté par la voiture
de compagnie ?*

30 outils de terrassiers qui sont : 16 pelles
rondes, 2 pelles carrées, 12 pioches ; 6 outils de
destruction qui sont : 4 haches et 2 serpes. En
outre, l'une des voitures, généralement celle de
la 1re compagnie, porte : 4 scies passe-partout,
2 pinces de 0m,60, 1 pince de 1 mètre, 1 caisse
d'outils d'art.

*Quel est l'assortiment du mulet de bât dans
les bataillons alpins?*

16 outils de terrassiers : 6 pelles rondes, 10
pioches ; et 8 outils de destruction : 2 haches, 4
pics à tête, 2 pinces de 1 mètre.

Comment sont portés les outils portatifs?

Habituellement sur le sac. Quand les soldats
marchent sans le sac, ils peuvent être portés au
ceinturon.

Outils de terrassiers.

Bêche portative.

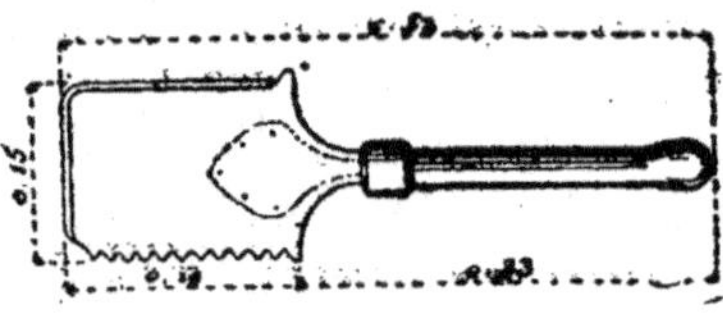

FIG. 1.

Pioche portative.

(Peut servir comme outil de destruction pour écréter les murs, percer les créneaux, etc.)

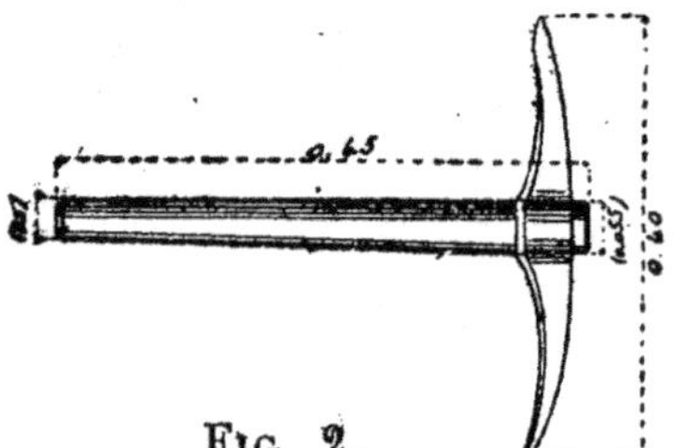

FIG. 2.

Pelle ronde de parc.

FIG. 3.

Pelle carrée de parc.

(Sert aussi à couper et lever les gazons.)

FIG. 4.

Pioche de parc.

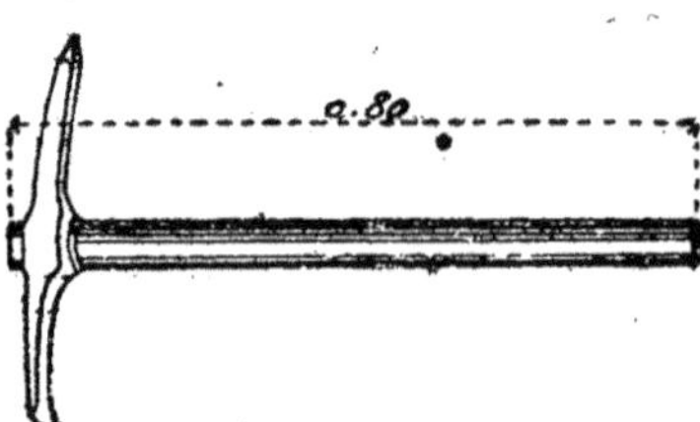

FIG. 5.

Outils de destruction.

Pic à tête portatif.

(Pour attaquer la maçonnerie, ouvrir les créneaux, forcer les serrures, etc.)

Hache à main portative.

(Pour les travaux de bivouacs, abatis, destructions de palissades, barrières, etc.)

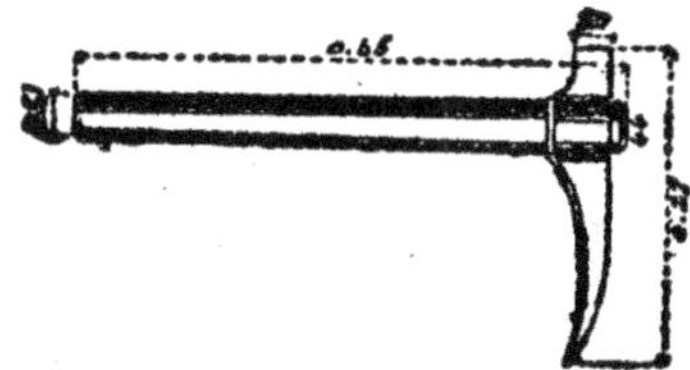

Fig. 6.

Fig. 7

Scie articulée portative.

(Pour couper les arbres, les poteaux télégraphiques, etc.)

Serpe de parc.

(Pour élaguer et appointer les abatis, débroussailler, travailler le bois, etc.)

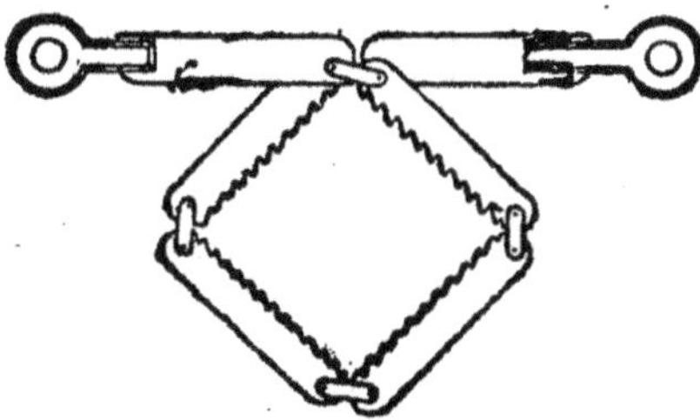

Fig. 8.

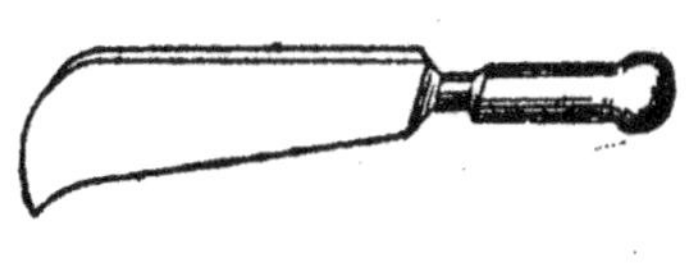

Fig. 9

Pince à pied de biche de parc.

(Pour ouvrir des créneaux, déplacer des blocs de pierre, etc.

Fig. 10.

Scie passe-partout
de parc.

(Pour scier les gros arbres, etc.)

Hache de parc.

(Pour abattre les arbres, dé-
truire les palissades, etc.)

FIG. 11.

FIG 12.

Port des outils portatifs.

Bêche arrimée sur
le havresac.

Hache arrimée sur
le havresac.

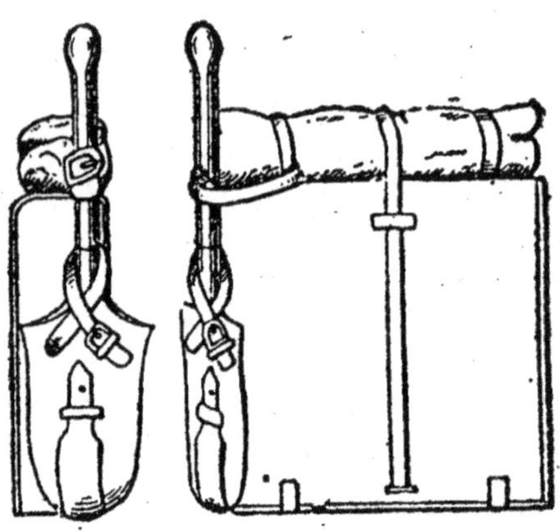

FIG. 13.

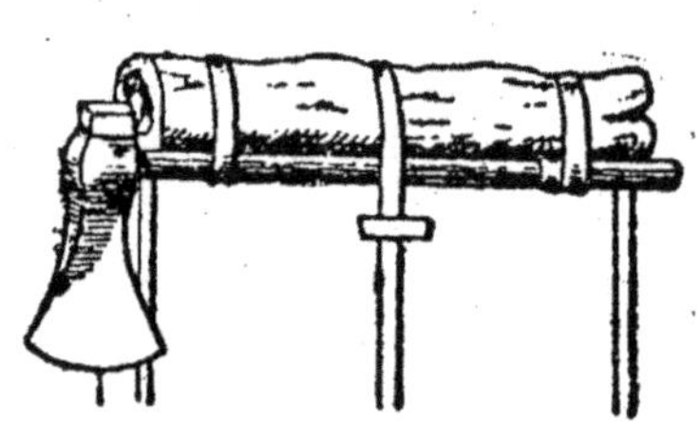

FIG. 14.

Retranchement de campagne.

Qu'appelle-t-on tranchée-abri ?
Une excavation dont les terres sont disposées
de façon à abriter et à poster commodément
les tireurs sans leur cacher le terrain à battre
ni gêner leurs mouvements en avant.

Combien y a-t-il d'espèces de tranchées ?
Trois : la tranchée ébauchée pour tireur à

Tranchée ébauchée.

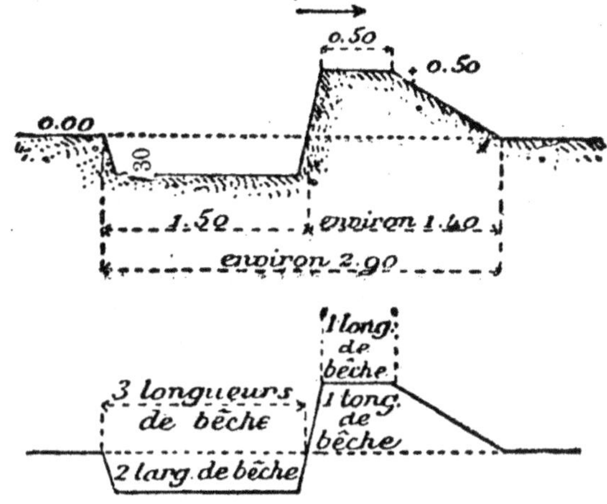

Fig. 16.

Tranchée normale.

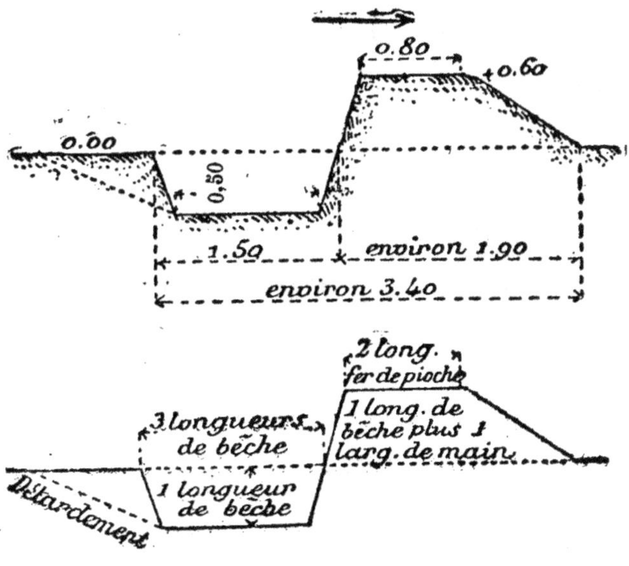

Fig. 17.

genou ; la tranchée normale pour tireur debout ;
la tranchée renforcée qui permet de mieux
couvrir les troupes. On passe de la tranchée
ébauchée à la tranchée normale et à la tranchée
renforcée, s'il y a lieu, en élargissant et appro-
fondissant la tranchée ébauchée.

Tranchée renforcée.

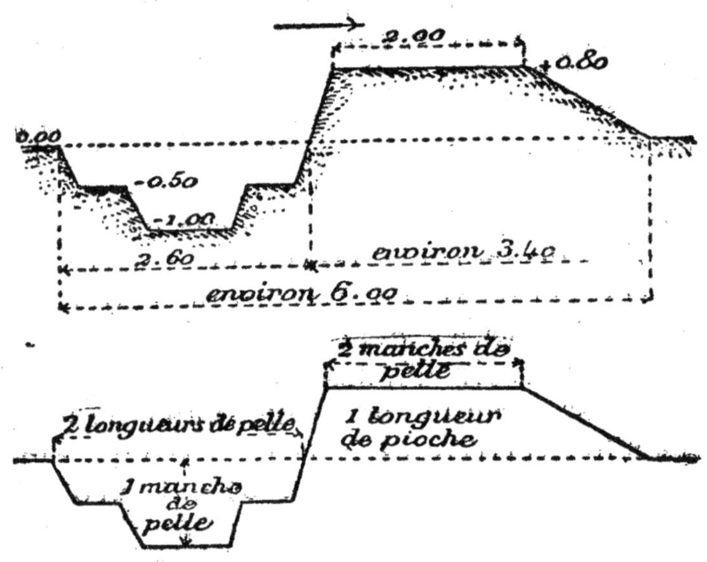

Fig. 18.

Qu'appelle-t-on ouvrage de compagnie ?
Un abri pour une compagnie chargée de défendre un point important ou une position
isolée.

Placement des travailleurs.

*Comment dispose-t-on les travailleurs pour
l'exécution des tranchées-abris ?*
Les outils sont déchargés en un point pris

comme dépôt d'outils, les pelles et les pioches séparés. Des piquets, des tas de pierres ou des jalonneurs marquent le bord de l'excavation à creuser du côté où les terres doivent être rejetées. La compagnie ou la section, en arme et sac au dos, met le fusil à la bretelle; elle est dirigée par le flanc sur un rang vers le dépôt d'outils, les caporaux et sous-officiers hors du rang. En passant devant le dépôt d'outils, les hommes reçoivent successivement, le n° 1 une pelle; le n° 2, une pelle; le n° 3 une pioche et ainsi de suite, chaque groupe de trois hommes formant un atelier de deux pelles et une pioche. Le rang est conduit sans arrêt vers le bord jalonné de la tranchée à creuser de façon à y arriver par la droite. Lorsque le n° 1 est à hauteur de la droite du bord jalonné, il fait face à ce bord et s'arrête, le poing sur la hanche; le n° 2, après avoir dépassé le n° 1, s'arrête et s'établit à sa gauche, le poing sur la hanche; le n° 3 et successivement tous les ateliers font de même, de sorte que, le mouvement terminé, le rang est aligné sur le bord jalonné de la tranchée. Quand l'ordre en est donné par l'indication de : A 1 MÈTRE, les hommes du rang, au lieu de s'aligner coude à coude, s'alignent en étendant le bras gauche de façon à poser la main gauche sur l'épaule droite de l'homme de gauche. Dans ce cas, les ateliers sont de 3 mètres de front. Dans chaque section, dès que les ateliers sont ainsi alignés et établis, à l indication de : TRACEZ LES ATELIERS, les hommes munis de pioches tracent en avant, en arrière et latéralement au moyen de rainures les limites de l'atelier. Ces dispositions prises à l'indication de : SACS A TERRE, les outils sont laissés dans l'atelier, le rang se porte en arrière à trois pas en dehors du bord intérieur de l'atelier. Les sacs sont retirés, mis à terre le campement en-dessus, les fusils sont placés sur les sacs, la crosse dirigée perpendiculairement vers le bord intérieur de l'atelier. Au commandement de : HAUT LES BRAS, les travailleurs regagnent leur atelier et commencent le travail.

Comment le travail doit-il être conduit ?

De façon à obtenir de suite un abri. Dans ce but, la tranchée est commencée par le bord jalonné et les terres sont jetées contre ce bord. Les mottes de terre et de gazon sont réservées pour former le talus de ce côté, qui doit être aussi raide que possible. Les terres ne doivent pas être éparpillées ; elles sont massées par couches horizontales successives jusqu'à l'épaisseur et la hauteur voulues. Les arêtes du parapet obtenu ne doivent pas être vives ; on les arrondit de façon à dissimuler le travail à l'observation de l'ennemi ; au besoin, on recouvre les terres d'herbes et de menus branchages. Dans chaque atelier les hommes sont solidaires ; ils prennent successivement la pioche ; un des pelleteurs masse et régale les terres.

Utilisation des obstacles.

Levées de terre, fossés.

Raidir le talus d'appui, s'il y a lieu, abattre les

arbres pour former abatis du côté de l'ennemi,
si l'ordre en est donné.

Fossés pleins d'eau, canaux, etc.

Creuser une tranchée un peu en arrière du
bord opposé à l'ennemi; si le tir n'a pas besoin
d'être relevé sur un parapet, jeter les terres
extraites dans le fossé, la tranchée sans parapet
sera moins visible et le tireur y sera mieux
abrité.

Fig. 32

Haies, clôtures en bois, non jointives.

Creuser en arrière une tranchée dont les
terres sont appuyées contre la clôture; pratiquer des ouvertures pour donner des vues et
faciliter le tir.

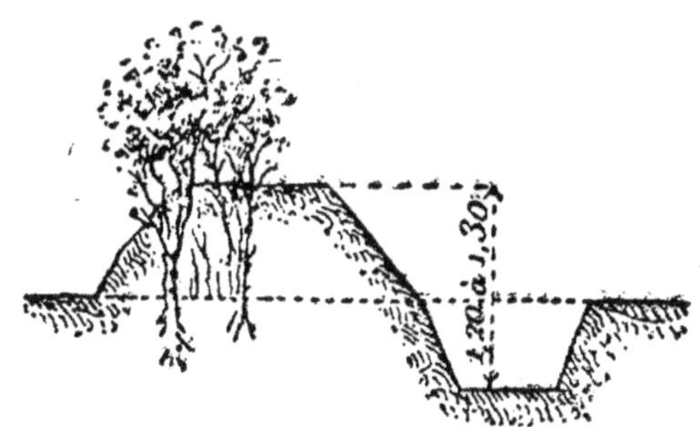

Fig. 33

Mur peu élevé.

Creuser la tranchée en arrière du côté vu par l'ennemi; jeter les terres en avant ou contre le mur pour former banquette, suivant le cas.

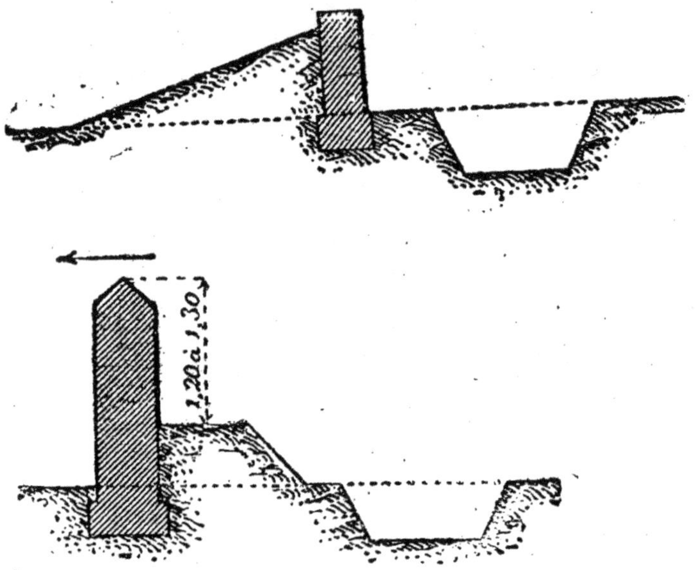

Mur élevé.

Faire une banquette en terre ou avec les maté-

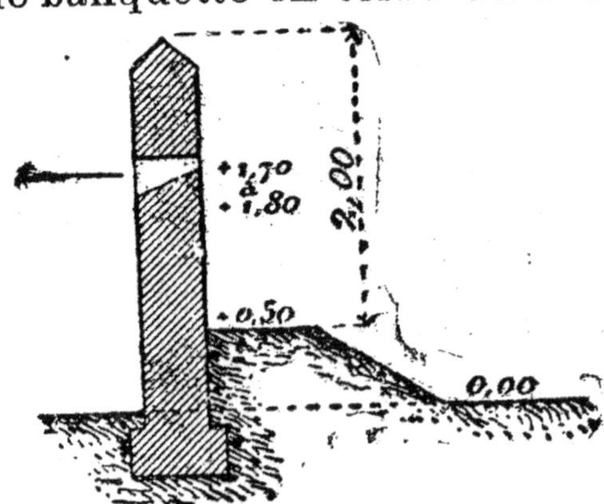

Fig. 35.

riaux disponibles (planches sur des pierres, ton-
neaux, etc.), pratiquer des créneaux à 1ᵐ,70 au
moins pour que l'ennemi ne puisse les embou-
cher ; faire au besoin des créneaux pour tireurs
couchés, afin de défendre l'approche du pied
du mur.

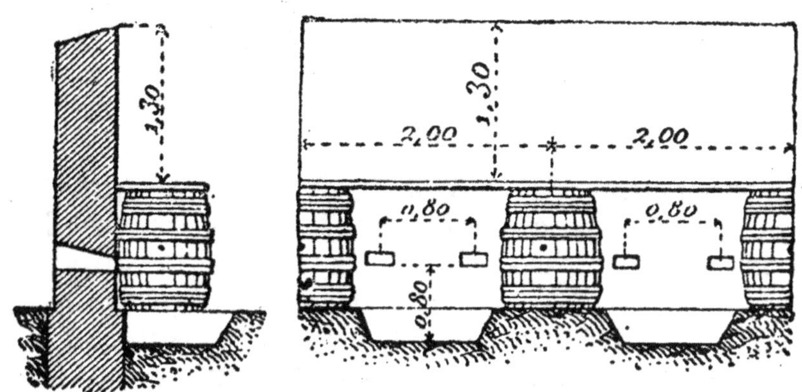

Fig. 36.

Travaux de bivouac.

Fig. 37.

Lorsqu'on dispose de paille ou de branchages, relier les piquets de support par une gaulette et former l'appentis en appuyant sur cette gaulette les branchages, roseaux ou la paille les épis en bas; accoler en droite ligne ou circulairement une série d'appentis ainsi établis.

Cette sorte d'abri garantit mieux du froid et de la pluie que l'abri formé de claies réprésenté ci-dessus.

Cuisines.

Creuser une rigole assez étroite pour que les marmites puissent reposer en travers sur les bords. Le fond de la rigole reçoit le bois de chauffage. Le feu est mis du côté d'où vient le vent. Du côté opposé élever une cheminée en gazon et terre. Les cuisiniers peuvent, en outre, pour s'asseoir et alimenter le foyer, creuser une tranchée de $0^m,50$ du côté de l'extrémité libre de la rigole.

Feuillées.

La feuillée est une rigole étroite et profonde

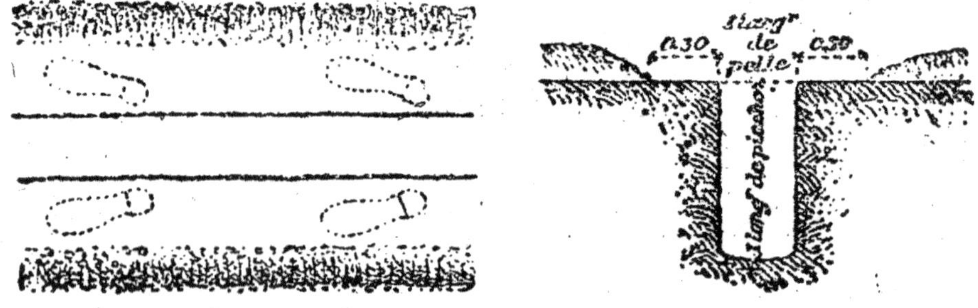

Fig. 38.

dont les parois sont taillées à pic. Ses bords sont

laissés libres pour le placement des pieds, les terres extraites sont déposées à droite et à gauche. Deux fois par jour, le matin et le soir, les terres sont rejetées dans la partie de la feuillée utilisée. La feuillée est prolongée chaque jour, s'il est nécessaire.

CHAPITRE II

INSTRUCTION RELATIVE A L'EMPLOI DE LA VOITURE DE COMPAGNIE

(18 novembre 1891)

A quoi sert la voiture de compagnie?

A transporter, dans le coffre de dessous, des outils de parc pour travaux de campagne et dans les deux coffres à munitions du dessus les cartouches d'augmentation de l'approvisionnement individuel.

Que renferme chaque coffre à munitions?
Des paquets de 8 cartouches, et 12 bissacs.

La voiture de compagnie peut-elle recevoir des havresacs?
Oui, quand les cartouches des coffres à munitions ont été distribuées et que l'ordre en est donné.

Quand et comment s'opère le chargement régulier des sacs sur la voiture?
Quand les cartouches des coffres ont été distribuées avant le départ des cantonnements ou bivouacs, on peut procéder au chargement régulier de 54 havresacs en opérant de la façon

suivante : les 54 hommes désignés débarrassent leurs sacs de tous les effets extérieurs rigides, gamelle, bidons, marmites. Les outils portatifs restent fixés sur le sac. Les effets retirés des sacs sont chargés dans les coffres à munitions, les gamelles, marmites, emboîtées les unes dans les autres. On charge ensuite les sacs : d'abord dans les compartiments de devant, dont on a retiré les effets des conducteurs et le fourrage des chevaux (14 à plat, 4 debout, la vis de frein restant libre), puis dans l'intervalle des coffres à munitions (10 debout) et derrière ces coffres (8 debout), à l'extrémité de la voiture ; enfin, à plat, sur les coffres, les sacs restants (18). On entre-croise sur le chargement, dans tous les sens, notamment en arrière, deux cordes de brêlage fixées aux galeries latérales de la voiture. On place par-dessus les sacs des conducteurs et le fourrage et l'on recouvre le tout avec la bâche destinée à protéger le chargement.

Quand et comment s'opère le chargement irrégulier ?

Quand les cartouches des coffres ne sont distribuées qu'au moment du combat, on procède au chargement irrégulier. Les sacs restent paquetés ; on les place, on brêle et on bâche comme pour le chargement régulier.

N'y a-t-il pas un mode de chargement employé exceptionnellement à l'effet de diminuer le poids du sac de tous les hommes ?

Oui. Les effets placés à l'intérieur du sac sont réunis en un petit ballot. On charge les petits ballots, d'abord dans le compartiment de devant débarrassé du sac des conducteurs et du fourrage des chevaux (60) ; puis dans les coffres à munitions (24 par coffre) et dans l'intervalle qui les sépare (12). Dans l'intervalle d'arrière, à l'extrémité de la voiture, on place debout 2 sacs à distribution remplis de petits ballots (65). Les petits ballots restants (65) sont mis dans 2 sacs à distribution placés à plat sur les coffres. On brêle et on bâche comme dans les autres chargements.

Comment confectionne-t-on les petits ballots?

Introduire dans les souliers les sous-pieds de rechange et la brosse; envelopper chaque soulier dans une guêtre boutonnée autant que possible; placer les souliers l'un contre l'autre, tête-bêche, les semelles en dehors; les lier fortement au moyen de la courroie de capote; plier la chemise, les manches en dedans, de manière à en former une bande de $0^m,30$ de large environ; mettre la calotte de coton sur cette bande; appliquer la trousse garnie sur le paquet des souliers; rouler le tout dans la chemise, lier fortement avec une ficelle de $1^m,50$ à 2 mètres ou avec la courroie du côté droit du havresac.

CHAPITRE III

HYGIÈNE

Hygiène générale.

Pour quelles raisons le soldat doit-il s'efforcer de conserver et d'améliorer sa santé ?

Parce que la santé lui permet seule de remplir ses devoirs envers la patrie, d'utiliser et de développer ses facultés, de rendre des services à la société et aux siens, au lieu de leur être une charge et un danger.

Quelles sont les causes de maladie que le soldat peut et doit éviter ?

L'ivrognerie, qui le dégrade, vicie son sang et celui des enfants qu'il peut avoir ; la débauche, qui a les mêmes effets, débilite ses forces et le prédispose à la lâcheté ; la malpropreté, qui l'expose aux épidémies et souvent les propage et les engendre ; les imprudences, qui, par bravade ou par négligence, lui font contracter des affections redoutables et quelquefois contagieuses.

Hygiène alimentaire.

Comment les aliments doivent-ils être préparés ?

Les parties des aliments qui paraissent de propreté ou de conservation douteuse doivent être d'abord écartées ; les ustensiles de cuisine doivent être soigneusement nettoyés ; la cuisson doit être complète. Les aliments mal cuits sont de digestion difficile et peuvent contenir des ferments malsains.

Comment l'eau de boisson peut-elle être assainie ?

Si elle est chargée de matières, elle est filtrée au moyen d'un linge propre (de laine, s'il est possible). Elle est ensuite bouillie et on la refroidit en l'agitant pour l'aérer. Quand ces précautions ne pourront être prises, on filtre l'eau et on la corrige en la mélangeant d'eau-de-vie, de vin ou de café.

Quelles sont les imprudences à éviter comme alimentation ou boisson ?

On doit s'abstenir de manger ou de boire trop abondamment, par défi ou gloutonnerie ; de manger trop chaud, de boire trop frais quand on est en transpiration ; de manger et boire avec précipitation. Il faut user sobrement des fruits et des épices, des boissons alcooliques. Quand il fait chaud ou très froid, les boissons alcooliques, prises pures, peuvent causer des accidents mortels. La charcuterie ne doit être mangée qu'en petite quantité, ainsi que les viandes salées qu'on n'a pu suffisamment dessaler ou associer à des légumes frais.

Hygiène de marche.

Quelle précaution faut-il prendre dans le cas d'un départ matinal ?

Manger un morceau de pain et boire du café

ou de l'eau mélangée d'alcool ou de café. On évite ainsi les défaillances qu'occasionnent quelquefois les fatigues supportées à jeun.

Quels soins doit-on prendre de la chaussure et des pieds ?

Les coutures ou les chevilles qui peuvent faire saillie à l'intérieur de la chaussure doivent être martelées ; le cuir doit être assoupli par des frictions extérieures avec un corps gras. Le pied est soigneusement essuyé puis frotté légèrement d'un linge enduit de suif ou de philopode. A l'arrivée, la chaussure est examinée, nettoyée extérieurement et intérieurement, puis assouplie. Les pieds sont essuyés à sec ou avec un linge peu mouillé ; ils sont ensuite frictionnés (avec un peu d'alcool) s'il est possible ; les ampoules sont soignées et pansées, les ongles coupés assez courts sans excès ; les cors, attendris avec un corps gras, au besoin enlevés à la main.

Comment les ampoules doivent-elles être soignées ?

On les traverse avec une aiguille enfilée d'un fil graissé ; on laisse ce fil dans l'ampoule ; il permet au liquide qui s'y est formé de s'écouler ; on suiffe légèrement. Jamais la peau soulevée de l'ampoule ne doit être enlevée ; elle laisserait la chair à vif.

Quand on le peut, on recouvre l'ampoule d'une couche de collodion.

Quelles précautions doit-on prendre quant à l'habillement ?

Les vêtements doivent ne comprimer aucune partie du corps, ne point faire de plis gênant les mouvements, permettre autant que possible la circulation de l'air. Les manches et le collet sont ouverts et rabattus, le mouchoir placé sous le képi, comme couvre-nuque, quand l'autorisation en est donnée. A l'arrivée, les vêtements sont soigneusement battus et brossés, séchés intérieurement et extérieurement, suspendus à l'air libre. Le linge de corps est changé, s'il est possible, séché ou lavé.

Quels soins corporels doit-on prendre après une marche ?

Le corps doit être essuyé à sec ou avec un linge mouillé passé rapidement, si l'on peut revêtir immédiatement du linge propre et se donner du mouvement ou se reposer chaudement. On doit éviter les lotions abondantes à l'eau pure sur les parties échauffées ; elles sont lavées, séchées et recouvertes de poudre d'amidon, s'il est possible ; brosser les cheveux, la barbe ; nettoyer les oreilles, le nez ; ne pas se laver la tête à grande eau si elle est le siège d'une chaleur incommodante ; on ne ferait qu'y faire affluer le sang. N'exposer à aucun courant d'air les parties du corps en sueur.

Si, pendant la marche, la chaleur vous fait affluer le sang à la tête, quelles précautions devez-vous prendre ?

Boire avec modération.

Quelles sont les imprudences à éviter au cours des marches ?

S'arrêter dans un endroit frais, exposé au vent, s'étendre sur le ventre, quand on a chaud ; rester immobile, quand le froid est vif ; s'exposer aux courants d'air, en toutes saisons.

Il faut éviter de boire pendant les arrêts, il suffit de se rincer la bouche et de rejeter l'eau. Boire de préférence pendant la marche, mais toujours avec modération.

Hygiène au cantonnement et au bivouac.

Quelles précautions devez-vous avoir avant de vous installer dans un cantonnement ?

Vérifier et assurer l'aération; organiser les issues de manière à prévenir les courants d'air; examiner le sol; s'il est humide, le signaler, et, à défaut d'autre emplacement disponible, disposer des matériaux isolants à sa surface. La paille de couchage doit être sèche; on la fait sécher et aérer par tous les moyens possibles. Les plantes aromatiques, le foin fraîchement coupé, doivent être écartés comme moyen de couchage.

Quelles sont les précautions à prendre au bivouac ?

Construire un abri orienté contre le vent soufflant; assurer l'écoulement des eaux extérieurement, en cas de pluie, au moyen de rigoles; ne pas remuer la terre sur l'emplacement prévu pour le couchage; organiser cet emplacement contre l'humidité; pendant la nuit, se couvrir les yeux et le ventre.

Paquet de pansement individuel.

Qu'est-ce que le paquet de pansement individuel ?

C'est un paquet destiné à être porté dans la

poche intérieure de la capote, pour permettre le pansement provisoire des blessures.

Que contient le paquet de pansement ?

L'enveloppe porte une étiquette indiquant la manière d'utiliser les objets qu'elle renferme et qui sont :

1° De l'étoupe entourée de gaze ;
2° Une toile imperméable ;
3° Une bande et des épingles.

Comment employez-vous le paquet de pansement ?

En cas de blessure à panser, ouvrir le paquet en brisant le point allongé du fil de fermeture ; déchirer l'enveloppe imperméable mise à découvert ; placer sur la blessure :

1° L'étoupe entourée de sa gaze ;
2° La compresse ;
3° La toile imperméable ;
4° Assujettir le tout au moyen de la bande qui ne doit être serrée que très modérément ; fixer la bande avec les épingles.

Le paquet de pansement peut être utilisé pour deux blessures en divisant les objets qu'il contient.

CHAPITRE IV

OBLIGATIONS DES DISPONIBLES, DES RÉSERVISTES, DES HOMMES DE L'ARMÉE TERRITORIALE ET DE SA RÉSERVE

(Lois du 24 juillet 1873, du 15 juillet 1889, etc.) (1).

Des hommes dans leurs foyers.

Qu'entendez-vous par hommes disponibles (2)?

Les hommes d'une classe appelée n'ayant pas encore rejoint ou ayant été renvoyés dans leurs foyers avant d'avoir accompli trois ans de service actif. Ainsi, à partir du 1er octobre de l'année du tirage, jusqu'au jour fixé pour leur arrivée au corps, les jeunes soldats sont disponibles ; sont disponibles aussi, du jour où ils sont renvoyés dans leurs foyers, les hommes qui quittent l'armée active, par suite de dispense, libération anticipée, etc., avant d'avoir accompli trois ans de service.

Les disponibles peuvent-ils être appelés ?

Ils sont appelés en cas de mobilisation ou par

----

(1) Ce chapitre a été maintenu tel qu'il était avec la loi de 1889 puisque la nouvelle loi de recrutement sera entièrement appliquée le 21 mars 1906 seulement.

(2) Il n'y aura plus de disponibles lorsque la loi du 21 mars 1905 sera appliquée. Les derniers disponibles font partie de la classe 1904.

décision ministérielle. De plus, ceux qui ont été dispensés de deux ans de service comme liés à l'enseignement ou pour la continuation de leurs études (art. 23), sont rappelés pour une période d'exercices de quatre semaines dans le cours de l'année qui précède leur passage dans la réserve.

Qu'entendez-vous par réservistes?

Les hommes qui ont accompli au moins trois ans dans l'armée active et la disponibilité. Ils passent alors dans la réserve de l'armée active pour dix années,

Qu'entendez-vous par hommes de l'armée territoriale?

Les hommes qui ont accompli dix ans dans la réserve de l'armée active ; ils passent alors pour six ans dans l'armée territoriale.

Peut-on passer par anticipation de la réserve dans l'armée territoriale?

Oui. Tout réserviste qui devient père de quatre enfants passe de droit dans l'armée territoriale.

Qu'entendez-vous par hommes de la réserve de l'armée territoriale?

Les hommes qui, ayant accompli six ans dans l'armée territoriale, passent pour six ans dans la réserve de cette armée.

A quels appels sont soumis les réservistes?

A deux périodes d'instruction de quatre semaines.

A combien d'appels sont soumis les hommes de l'armée territoriale?

A une période d'exercice de 13 jours au cours

de l'une des six années à accomplir dans l'armée territoriale.

A quels appels sont soumis les hommes de la réserve de l'armée territoriale ?

Ceux qui sont affectés à la garde des voies de communication, en cas de guerre, peuvent être appelés pour des exercices spéciaux dont la durée totale ne peut dépasser 9 jours pendant les six années passées dans la réserve. Les autres ne sont appelés que pour une revue d'appel au cours de leur première année dans la réserve.

Livret et fascicule.

Quelle est la pièce qui renseigne l'homme sur ses obligations dans ses foyers et lui permet de répondre aux appels ?

Le livret individuel et le fascicule qui est fixé à la droite au moment du renvoi de l'homme dans ses foyers (1).

Quels sont les renseignements que l'homme trouve dans son livret ?

Les dates de ses passages dans les différentes catégories de l'armée et la classe de mobilisation à laquelle il appartient et aux convocations de laquelle il devra obéir. Cette classe est inscrite en tête du livret.

---

(1) Le fascicule est vert pour tout homme domicilié à moins de 24 kilomètres du lieu qu'il doit rejoindre en cas d'appel ; il est rose et donne droit au parcours gratuit en chemin de fer pour les autres hommes. Le fascicule des hommes des services auxiliaires est strié en rouge ou en vert, suivant que l'appelé est autorisé à prendre le chemin de fer ou non.

Quelle différence y a-t-il entre la classe de recrutement et la classe de mobilisation ?

Un homme né en 1883 appartient à la classe de recrutement de 1903, qui tirera au sort à 20 ans révolus, c'est-à-dire en 1904, et qui sera appelée au mois de novembre de la même année 1904. Si l'homme commence son service au moment de l'appel de sa classe, sa classe de mobilisation sera, comme sa classe de recrutement, 1903, et il passera dans la réserve le 1er novembre 1907. S'il déserte, le temps de sa désertion et de sa condamnation sera déduit; il ne passera dans la réserve qu'en 1910 par exemple et, tout en restant de la classe de recrutement de 1903, il suivra le sort de la classe libérée en 1910, soit celle de 1907; 1907 sera sa classe de mobilisation. Au contraire, si l'homme né en 1883 s'est engagé en 1903, il marche avec la classe appelée sous les drapeaux en 1903, c'est-à-dire avec la classe de recrutement de 1903; il passera dans la réserve en 1905; sa classe de mobilisation est 1901.

Que contient le fascicule ?
Un ordre de route.

A quoi servent les ordres de route ?
A rejoindre, en cas de mobilisation, le régiment et la compagnie d'affectation, aux lieu, jour et heure portés sur l'ordre.

Convocations.

Comment se font les convocations annuelles ?
Une affiche portant deux drapeaux est placardée au commencement de chaque année et indique les classes appelées dans l'année.

De plus chaque homme reçoit un ordre d'appel individuel par la poste ou par l'intermédiaire de la gendarmerie.

A son arrivée au corps, l'homme est remboursé du prix du billet, s'il a voyagé en chemin de fer, et reçoit une indemnité journalière de 1 fr. 25 pour la journée que comporte le trajet à partir du domicile légal ou de la résidence déclarée. Le trajet en chemin de fer ne donne droit à remboursement que pour un déplacement d'au moins 24 kilomètres. Pour rentrer à son domicile légal ou à sa résidence déclarée, l'homme reçoit l'indemnité journalière de 1 fr. 25 et le prix du parcours en chemin de fer si ce parcours est d'au moins 37 kilomètres.

Si, en raison de la facilité des communications, l'homme convoqué peut en partant le matin arriver au corps avant midi, il reçoit la solde et les vivres pour la journée en remplacement de l'indemnité de 1 fr. 25, et n'a droit à l'indemnité kilométrique que si la distance parcourue en chemin de fer est d'au moins 37 kilomètres.

Quelle doit être la conduite des hommes rejoignant pour une convocation ou rentrant dans leurs foyers?

Voyageant au titre militaire, ils sont soumis à la discipline militaire et ils encourent toutes les punitions ou condamnations qui répriment le tapage, le désordre et les actes d'insubordination des soldats.

Ajournements.

Les réservistes et territoriaux peuvent-ils demander l'ajournement à une autre époque de la période d'instruction à laquelle ils sont convoqués?

Oui. Les demandes d'ajournement doivent être remises à la gendarmerie vingt jours au moins avant la date de la convocation, à moins d'impossibilité. Il est préférable de les formuler dès la réception de l'ordre d'appel individuel. Ces demandes, transmises au **bureau de recrutement** et examinées par lui quant à leur bien fondé, sont soumises au préfet du département, qui émet son avis, et à la décision du général commandant la subdivision de région, qui prononce. Si l'ajournement est accordé, l'homme est avisé par le recrutement au moyen d'une carte postale militaire. Cette carte postale comporte une case intitulée : « réponse de l'homme » ; l'homme accuse réception en signant dans cette case et il remet la carte ouverte à la poste ; celle-ci transmet sans affranchissement.

Il est préférable d'adresser ces demandes dès la réception de l'ordre d'appel individuel, lorsque les motifs d'ajournement existent au moment de cette réception. L'homme se présente à la gendarmerie avec sa demande motivée, son ordre d'appel et son livret individuel.

De quelles pièces doivent être appuyées les demandes d'ajournement pour maladie ?

D'un certificat constatant la maladie et signé d'un médecin civil ou militaire. La signature du médecin civil doit être légalisée par le maire. Les hommes qui peuvent se déplacer doivent se présenter, sur les renseignements de la gendarmerie, au médecin militaire du bureau de recrutement ou à la commission de réforme mensuelle.

Dispenses.

Les réservistes ou territoriaux peuvent-ils être dispensés d'une période d'instruction ?

Les engagés volontaires de 4 ou 5 ans sont dispensés de droit de la première des deux périodes imposées aux réservistes. Les réservistes ayant accompli sept années de services dans l'armée active sont dispensés des deux périodes. Les réservistes et territoriaux peuvent, en outre, sur leur demande, obtenir une dispense à titre de soutien de famille. Cette demande, adressée au maire de la commune, qui en donne récépissé, est transmise au général commandant la subdivision avec l'avis motivé du conseil municipal. Elle est accompagnée d'un relevé des contributions payées par la famille du demandeur et d'un avis motivé de trois pères de famille ayant un fils sous les drapeaux ou dans la réserve.

La dispense obtenue dans ces conditions n'a aucun caractère permanent; elle n'est valable que pour la convocation en vue de laquelle elle a été délivrée.

Réforme.

Que doivent faire les réservistes ou territoriaux devenant impropres au service pour maladie ou infirmités ?

Ils s'adressent à la gendarmerie, qui les prévient de la date de la convocation de la commission de réforme, et ils se rendent pour cette date au chef-lieu de la subdivision de région où siège la commission, pour y être examinés.

Man.   du fantassin.   6

Retard ou manquement aux convocations.

Quelles punitions encourent les réservistes ou territoriaux qui répondent tardivement aux convocations?

Ils sont punis disciplinairement après avoir complété leur période d'instruction.

Quelles punitions encourent les réservistes ou territoriaux qui manquent à une convocation?

Une punition disciplinaire qu'ils subissent dans l'un des corps de la garnison la plus voisine de leur résidence, ou dans leur corps d'affectation, s'ils ont été trouvés au moment d'une période d'instruction. Ils font, en outre, leur période à l'époque qui leur est assignée.

De quelle peine est puni un réserviste ou soldat territorial qui ne répond pas à une seconde convocation pour la période à laquelle il a manqué?

Il est traduit devant un conseil de guerre, comme insoumis, et peut être condamné à un emprisonnement d'un mois à un an. Dans tous les cas, la période non accomplie est faite.

Punitions des militaires dans leurs foyers.

Quelles sont les principales infractions qui entraînent une punition pour les militaires dans leurs foyers?

1º L'omission de déclaration de changement de domicile ou de résidence;

2º Les retards aux convocations ;

3º Les fautes contre la discipline dans le service ou à l'occasion d'un service militaire ;

4º Les actes de désobéissance aux ordres légaux de l'autorité militaire ;

5º La lacération, la perte, les grattages, surcharges ou ratures du livret ;

6º La perte d'effets d'uniforme emportés au moment du renvoi dans leurs foyers.

Comment les punitions sont-elles subies ?

L'homme puni reçoit un ordre de punition déposé à son domicile ou à sa résidence par la gendarmerie, quinze jours au moins avant le jour fixé pour l'exécution de la punition.

La gendarmerie dresse un procès-verbal de remise. L'homme rejoint librement le lieu indiqué sur l'ordre au jour dit ; il a droit aux prix réduits sur les voies ferrées pour l'aller et le retour sur la présentation de son ordre. La gendarmerie conduit sous escorte ceux qui n'obéissent pas à un ordre de punition.

Mobilisation.

Comment les militaires dans leurs foyers ont-ils connaissance de la mobilisation ?

Par des affiches qui indiquent le premier jour de la mobilisation. Ces affiches sont reconnaissables à deux drapeaux tricolores croisés en tête.

Quel est le devoir du soldat réserviste ou territorial à la mobilisation ?

Rejoindre aux lieu, jour et heure portés sur l'ordre de route du fascicule. Ils sont admis gratuitement sur les voies ferrées quand ils doivent en faire usage.

Que doivent faire dans la même circonstance les soldats de l'armée active en congé ou en permission?

Rejoindre immédiatement leur corps. Ils voyagent gratuitement sur les voies ferrées sur la présentation de leur titre d'absence. Les hommes en congé de convalescence ne rejoignent qu'à l'expiration de leur congé.

Si le réserviste ou territorial se trouve par changement de domicile hors de la subdivision de région de son domicile, comment doit-il rejoindre en cas de mobilisation ?

Il se présente à la gare la plus voisine de sa résidence, avant 9 heures du matin, le deuxième jour, s'il est disponible ou réserviste, le troisième jour s'il appartient à l'armée territoriale et il rejoint isolément son corps dans la localité désignée par l'ordre de route, bien qu'il ne puisse suivre l'itinéraire prévu sur cet ordre et alors même qu'il serait convoqué au bureau de recrutement.

Quelle est la recommandation à laquelle ne doivent pas manquer les militaires rejoignant à la mobilisation ?

Apporter des chaussures en très bon état et brisées à leurs pieds. Ils reçoivent une indemnité de 11 fr. 25 si la chaussure est jugée bonne.

Manquement à la mobilisation.

De quelles peines sont punis les hommes ne rejoignant pas à la convocation ?

S'ils ne se présentent pas dans le délai de deux jours, ils sont considérés comme insoumis et condamnés par un conseil de guerre à un emprisonnement de 2 à 5 ans. Ils sont, en outre, privés de leurs droits politiques et leur nom reste affiché pendant toute la durée de la guerre dans les communes du canton de leur domicile.

Hommes voyageant ou résidant à l'étranger.

Quelle est la situation des hommes voyageant ou résidant à l'étranger et possessions françaises hors d'Europe, au point de vue des convocations annuelles ?

Ils sont considérés comme ajournés jusqu'à leur rentrée en France ou en Algérie. Toutefois, ils peuvent recevoir avis de répondre aux convocations, s'ils résident en permanence dans des pays limitrophes. Dans tous les cas, s'ils rentrent en France ou en Algérie avant 45 ans, ils doivent accomplir toutes les périodes auxquelles ils ont manqué ; ils peuvent demander à les accomplir sans interruption.

Quels sont les délais accordés aux hommes résidant hors de France pour rejoindre à la mobilisation ?

Les hommes résidant en Europe ou en Algérie ont un délai d'un mois ; ceux résidant hors d'Europe, un délai de trois mois.

Résidence et domicile.

Quel est le domicile du soldat au moment de sa libération ?

C'est la commune qu'il habitait dans le canton où il a tiré au sort.

Dans quel régiment le soldat libéré est-il inscrit comme réserviste ?

Dans le régiment actif ou le régiment de réserve stationné dans la subdivision de région dont relève le canton où il a tiré au sort.

Qu'appelle-t-on subdivision de région ?

L'ensemble des cantons qui peuvent fournir au recrutement en réservistes ou territoriaux d'un régiment actif, d'un régiment de réserve et d'un régiment territorial. Il y a un bureau de recrutement par subdivision de région.

Que doit faire le soldat libéré qui désire se retirer dans un canton autre que celui où il a tiré au sort ?

S'il a l'intention de s'établir à demeure dans ce canton, c'est-à-dire d'y fixer son domicile, il doit justifier, au moyen d'un certificat du maire de la localité qu'il choisit, qu'il pourra y trouver de l'ouvrage ; après six mois, pendant lesquels il est seulement considéré comme en résidence, le changement de domicile lui est accordé et il est affecté à la subdivision dont dépend le canton, après avoir renouvelé à la gendarmerie sa déclaration d'option de domicile. Toutefois, les hommes qui désirent fixer leur domicile à Paris le déclarent avant de quitter le corps, puis, dès leur arrivée, renouvellent leur déclaration à la caserne de gendarmerie des Minimes ou à celle du boulevard Lannes, suivant l'arrondissement où ils s'établissent. Ils déposent leur livret contre un récépissé et sont prévenus d'avoir à se présenter de nouveau dans un délai de quinze jours ; ils reçoivent alors un bulletin de notification leur faisant connaître le point où ils doivent être formés en détachement ou embarqués isolément en cas d'appel ou de mobilisation. Leur livret leur est rendu ; ils y trouvent leur nouvelle affectation au cas où elle est prononcée.

Qu'appelle-t-on domicile et résidence ?

Le domicile est le lieu où l'homme libéré s'établit à demeure ; la résidence est le lieu où il s'établit provisoirement.

Quelles sont les formalités à remplir pour changer de domicile ?

Arrivé dans le domicile choisi, dans le délai d'un mois, se présenter à la gendarmerie et déclarer faire élection de domicile dans la localité.

Quelles sont les formalités à remplir pour changer de résidence ?

Arrivé dans la résidence choisie, se présenter dans le délai d'un mois à la gendarmerie, déclarer élection de résidence ; récépissé de la déclaration est donné sur le livret dans une des cases réservées à cet objet. Le livret reste entre les mains de son détenteur.

Dans le cas où la résidence se prolonge et paraît devoir devenir définitive, quelles sont les mesures à prendre ?

Obéir à l'invitation du recrutement qui vous met en demeure de convertir la résidence en domicile. Cette conversion est prononcée d'office, en cas de refus, et le livret modifié en conséquence.

Quelles sont les formalités à remplir pour les déplacements momentanés n'entraînant ni changement de résidence, ni changement de domicile ?

Si le déplacement doit durer plus d'un mois, faire sa déclaration à la gendarmerie ; si le déplacement doit être de moindre durée, la déclaration n'est pas obligatoire, mais l'homme reste responsable de l'inexécution des ordres qui pourraient ne pas lui parvenir.

Tableau des classes qui seront appelées chaque année.

APPELS	DÉSIGNATION.	ANNÉES	1905	1906	1907	1908
	Dispensés de l'article 23....... Classes conv·		1901	1902	1903	1904
	Troupes métropolitaines et coloniales.					
Périodes d'instruction.	Réserve de l'armée active.	Troupes métropolitaines.... Classes conv.	1895 1898	1896 1899	1897 1900	1898 1901
		Contingent algérien et tunisien..................... Classes conv.	1895 1900	1896 1901	1897 1902	1898 1903
		Troupes coloniales......... Classes conv.	1894 1898	1895 1899	1896 1900	1897 1901
Périodes d'exercice.	Armée territoriale.	Infanterie, cavalerie, artillerie, génie............... Classes conv.	1888 1889	1890 1891	1890 1891	1892 1893
		Train des équip. milit., commis et ouvriers milit. d'administ., infirmiers milit.. Classes conv.	(a) 1889	(b) 1890	(a) 1891	(b) 1892
Revues d'appel.	Réserve de l'arm. territ. (toutes armes). Cl.conv		1884	1885	1886	1887
	Hommes des services auxiliaires (toutes armes)...................... Classes conv.		1884 1889 1894 1898 1902	1885 1890 1895 1899 1903	1886 1891 1896 1900 1904	1887 1892 1897 1901 1905

(a) Corps d'armée impairs.
(b) Corps d'armée pairs.

Habillement des hommes renvoyés dans leurs foyers.

(Art. 60 de l'Instruction du 14 juin 1903.)

Avec quels effets d'habillement les hommes non gradés sont-ils renvoyés dans leurs foyers à leur libération?

En tenue militaire, à charge par eux de renvoyer cette tenue par colis postal, ou bien en effets civils, s'ils ont fait venir ou se sont procuré ces effets sur place.

Cette mesure s'applique-t-elle à tous les militaires libérés?

Elle ne s'applique pas aux hommes libérés en France, en Corse, en Algérie ou en Tunisie et se retirant, soit dans une localité d'Algérie ou de Tunisie non desservie par une voie ferrée, soit dans les colonies françaises, soit à l'étranger, ni aux hommes libérés dans les colonies françaises, quelle que soit la localité où ils se retirent.

A quelle catégorie de militaires la mesure ne s'applique-t-elle pas encore?

1° Aux hommes gradés (sous-officiers et caporaux) qui conservent leurs effets militaires et doivent les représenter aux périodes d'instruction;

2° Aux militaires indigènes des régiments de tirailleurs algériens;

3° Aux militaires des régiments étrangers, des bataillons d'infanterie légère d'Afrique et des compagnies de discipline.

Quels sont les effets qu'auront à renvoyer

les hommes non gradés libérés en tenue militaire?

Les effets d'habillement (capote, veste, tunique, vareuse ou dolman, gilet, jambières et pantalon); les effets de coiffure (képi, béret ou chéchia). Ils ne renverront aucun autre effet, notamment la chaussure et le petit équipement.

Comment le renvoi des effets est-il assuré?

Il est remis à chaque homme suivant le poids des effets à renvoyer (emballage compris), une feuille de colis postal de 3 ou 10 kilos.

Les hommes qui se retirent dans une localité située à plus de 5 kilomètres d'une gare reçoivent en outre une vignette qui représente la taxe de 0 fr. 25 qui est due pour apport à la gare du colis, déposé au bureau de poste le plus voisin.

Lorsque ce bureau de poste est lui-même à plus de 5 kilomètres du domicile de l'homme libéré, ce dernier doit déposer le colis postal, à ses risques et périls, soit à la gare même, soit au bureau de poste, si celui-ci est moins éloigné que la gare. Dans ce dernier cas, l'homme reçoit avec la feuille de colis postal la vignette de 0 fr. 25.

Les feuilles de colis postal et les vignettes reçoivent avant d'être remises aux intéressés toutes les indications nécessaires.

Existe-t-il, pour certaines régions, des dispositions différentes?

Les colis postaux, transportés sur le réseau du Médoc et devant transiter par Bordeaux, sont frappés d'un droit fixe de 0 fr. 25 pour frais de transport à travers la ville de Bordeaux; les hommes qui devront remettre le colis postal contenant leurs effets militaires dans une gare appartenant au réseau du Médoc reçoivent, avant leur départ du corps, une somme de 0 fr. 25 destinée à l'acquittement du droit fixe dû par l'expéditeur.

Connaissez-vous d'autres cas particuliers?

Il n'existe entre la Corse, l'Algérie, la Tunisie et la France pour l'envoi des colis postaux que des feuilles d'expédition de 0 fr. 10 et le prix du transport doit être acquitté par l'expéditeur au moment de la remise du colis à la gare ou au bureau de poste. Dans ces conditions, les hommes libérés en Corse, en Algérie et en Tunisie et se retirant en France ou vice-versa, reçoivent avant leur départ une feuille d'expédition de 0 fr. 10 remplie par le corps et une somme égale aux prix du tarif à appliquer aux colis qu'ils auront à expédier.

Comment sont enveloppés les colis?

Il est remis à chaque homme pour envelopper les effets à retourner au corps, soit un étui musette en cours de durée ou hors de service, soit un morceau de toile de dimensions suffisantes. Cette enveloppe est pourvue d'une inscription ou d'une étiquette donnant l'adresse du destinataire du colis.

A quoi s'exposent les hommes qui ne renvoient pas les effets militaires emportés?

A des punitions disciplinaires, sans préjudice des poursuites dont ils pourraient être l'objet, en vertu du Code de justice militaire, en cas, par exemple, de vente ou de dissipation, s'ils ne renvoient pas leurs effets dans un délai fixé par le chef de corps.

Quelles sont les précautions à prendre pour l'expédition du colis?

Coudre ou ficeler convenablement l'enveloppe contenant les effets; conserver avec soin, en l'annexant au livret, le récépissé de remise du colis postal à la gare ou au bureau de poste le plus voisin.

Quels sont les moyens que peuvent employer les militaires non gradés désirant partir de leur garnison en effets civils, pour se procurer ces effets?

Ils peuvent se procurer ces effets dans la garnison par achat ou autrement; ou bien il leur est accordé une permission pour aller les chercher; ou bien enfin, il leur est remis une feuille de colis postal, avec vignette, s'il y a lieu, qu'ils transmettent à leur famille pour qu'elle les leur envoie.

Ces dispositions ne s'appliquent pas aux militaires libérés en Algérie et Tunisie.

Comment sont libérés les hommes astreints seulement à un an de service?

Ils sont libérés en effets civils. Ils peuvent à leur arrivée déposer ces effets dans les magasins du corps où ils doivent être conservés en principe, ou, s'ils sont autorisés à en disposer, ils doivent s'engager à se procurer à leurs frais les effets nécessaires au moment de leur renvoi dans leurs foyers.

APPENDICE I

Tableau des effets à emporter en campagne.

(E. R., vol. 98.)

1º *Infanterie et chasseurs à pied.*

	EFFETS OU OBJETS.	A EMPORTER			OBSER-VATIONS.
		sur l'homme.	sur ou dans le sac.	par escouade.	par demi-section.	
	Plaque d'identité et cordon ...	1	»	»	»	
Habille-ment et coiffure.	Capote.............	1	»	»	»	
	Ceinture de flanelle ..	1	»	»	»	
	Pantalon de drap	1	»	»	»	
	Veste..............	»	1	»	»	
	Képi.............	1	»	»	»	
Grand équipement.	Bretelle de fusil	1	»	»	»	
	Bretelle de suspension	1	»	»	»	
	Cartouchières........	3	»	»	»	
	Ceinturon avec porte-épée.............	1	»	»	»	
	Havresac...........	1	»	»	»	
Petit équipement.	Bretelles (paire de)...	1	»	»	»	
	Brodequins (paire de).	1	»	»	»	
	Caleçon.............	1	»	»	»	
	Calotte de coton......	»	1	»	»	
	Chemise.............	1	1	»	»	
	Courroie de capote...	»	1	»	»	
	Cravate.............	1	»	»	»	
	Boîte à graisse........	»	»	3	»	

EFFETS OU OBJETS.	A EMPORTER				OBSERVATIONS.
	sur l'homme.	sur ou dans le sac.	par escouade.	par demi-section.	
Petit équipement (suite).					
Brosse d'armes	»	»	3	»	
Brosse à habits	»	»	3	»	
Brosse double à chaussure	»	»	3	»	
Cuiller	»	1	»	»	
Trousse garnie (sans glace)	»	1	»	»	
Etui-musette	1	»	»	»	
Gamelle individuelle	»	1	»	»	
Guêtres de toile (paire)	»	1	»	»	
Livret individuel	»	1	»	»	
Morceau de savon	»	1	»	»	
Mouchoir	1	1	»	»	
Quart	1	»	»	»	
Souliers (paire)	»	1	»	»	
Sous-pied de rechange	»	1	»	»	
Campement.					
Gamelle de campement	»	»	2	»	
Hachette	»	»	1	»	
Marmite de campement	»	»	4	»	
Moulin à café	»	»	»	1	
Petit bidon av. courroie	1	»	»	»	
Sac à distribution	»	»	2	»	
Sachets pour vivres de réserve	»	2	»	»	
Seau en toile	»	»	2	»	
Armement.					
Fusil av. épée-baïonn.	1	»	»	»	
Nécessaires d'armes	»	»	4	1	Plus un à chaque fourrier.
1/3 baguette de fusil	»	1	»	»	
Ficelle de nettoyage	»	1	»	»	
Munitions.					
Cartouches (1)	120	»	»	»	56 pour les sergents et fourriers.

(1) On ne met de cartouches dans le sac qu'à défaut de place dans les autres effets.

EFFETS OU OBJETS.	À EMPORTER				OBSERVATIONS.
	sur l'homme.	sur ou dans le sac.	par escouade.	par demi-section.	
Vivres. Deux jours de biscuit.	»	1	»	»	
Deux jours de petits vivres	»	1	»	»	
Deux jours de viande de conserve	»	1	»	»	Une boîte pour 2 hommes.
Deux portions de potage condensé	»	1	»	»	
Paquet de pansement.........	1	»	»	»	

Lanternes (une par section).

Outils portatifs pour une compagnie.
- 8 bêches (1 par demi-section).
- 4 pioches (1 par section).
- 3 haches portatives (1 par escouade non pourvue de hachette de campement)
- 4 pics à tête (1 par section).
- 1 scie articulée (au 1er peloton).
- 1 cisaille à main (au 2e peloton).

2o *Chasseurs alpins.*

A ajouter aux effets et objets énumérés dans le tableau précédent :

Bandes molletières (paire) sur l'homme............ 1
Bâton ferré — 1
Ceinture de laine — 1
Jersey — 1

A substituer :

A la capote, le manteau à capuchon, sur l'homme....... 1
A la veste, la vareuse dolman — 1
Au képi, le béret — 1
Outils portatifs : par compagnie, 4 bêches, 4 pioches, 4 haches portatives, 4 pics à tête, 4 scies articulées, 8 serpes 12 hachettes de campement

3° *Zouaves et tirailleurs algériens.*

A ajouter aux effets et objets énumérés au tableau précédent :

Ceinture de laine,	sur l'homme	1
Gilet de zouaves ou tirailleurs,	—	1
Guêtres jambières en drap,	—	1
Pantalon de toile sur l'homme ou sur le sac		1

A substituer :

A la capote : collet à capuchon, sur le sac	1
A la veste : bourgeron de toile, —	1
Au képi : chéchia avec gland, sur l'homme	1
Aux 3 cartouchières : cartouchières, —	2
Aux brodequins : souliers (paire de) sur le sac	1
Aux guêtres de toile : guêtres jambières toile —	1

A supprimer :

Bretelle de suspension	1
Bretelles (paire)	1
Calotte de coton	1
Cravate	1

Légendes de la figure de la page 177.

1 et 2. Sachets en toile contenant le pain de guerre.

3. Baguette de fusil.

4. Boîte de potage.

5. Sachets de petits vivres.

6. Mouchoir

7. Calotte.

8. Savon.

9. Courroie de sautoir

10. Nécessaire d'armes.

11. Trousse garnie.

12. Veste ou tunique roulée la doublure en dehors.

13. Livret individuel.

NOTA. — La chemise, qui forme matelas sur la partie intérieure du sac, est indiquée en pointillé.

APPENDICE II.

Placement des effets dans le sac d'après la circulaire ministérielle du 6 juillet 1900.

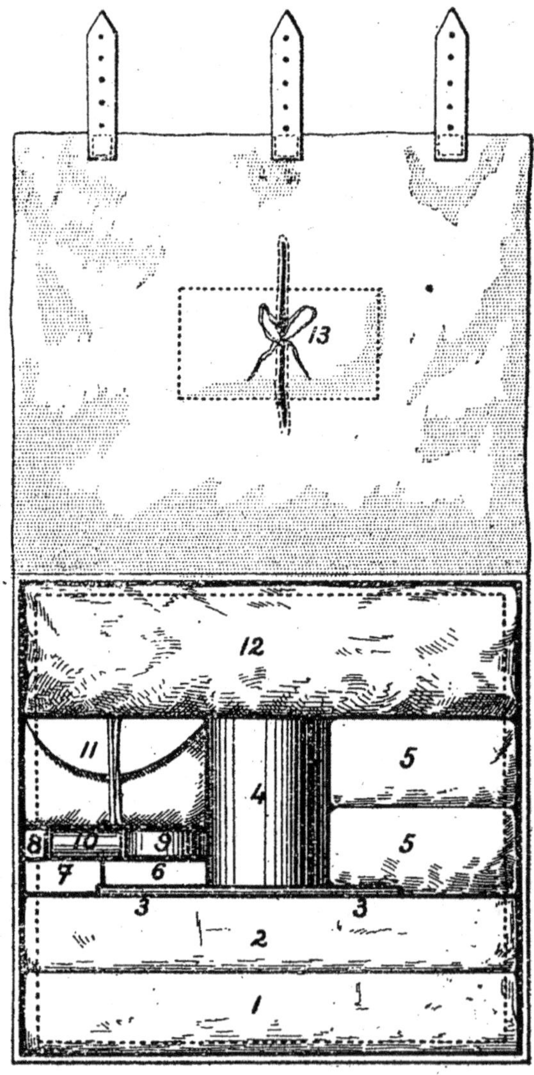

Légende de la page 179.

1. Boîte de conserves.
2. Chemise.
3. Livret.
4. Guêtres de cuir.
5. Caleçon.
6. Petits vivres.
7. Serviette.
8. Cravate.
9. Pain de guerre.
10. Guêtres en toile.
11. Cuiller et fourchette.
12. Trousse.
13. Boutons de capote.
14. Boutons de pantalon.
15. Boutons de guêtres.
16. Glace.
17. Peigne.
18. Mouchoir.
19. Cartouches.
20. Bobine.
21. Dé.
22. Ciseaux.
23. Sous-pieds de guêtres blanche
24. Calotte de coton.
25. Gants.
26. Sac de petite monture.
27. Brosse à habits.
28. Brosse à lustrer.
29. Brosse double à souliers.
30. Brosse à fusil.
31. Souliers.
32. Sous-pieds de guêtres en cuir
33. Baguette du fusil modèle 1886.
34. Boîte de nécessaire d'armes.
35. Huilier.
36. Lame de tournevis.
37. Lavoir (1) ou ficelle de 2^m,50.
38. Patience.
39. Courroie de capote.
40. Boîte à graisse.
41. Martinet.
42. Brosse à boutons.

(1) Supprimé dans l'armement modèle 1886.

APPENDICE III

Disposition des effets pour une revue de détail.

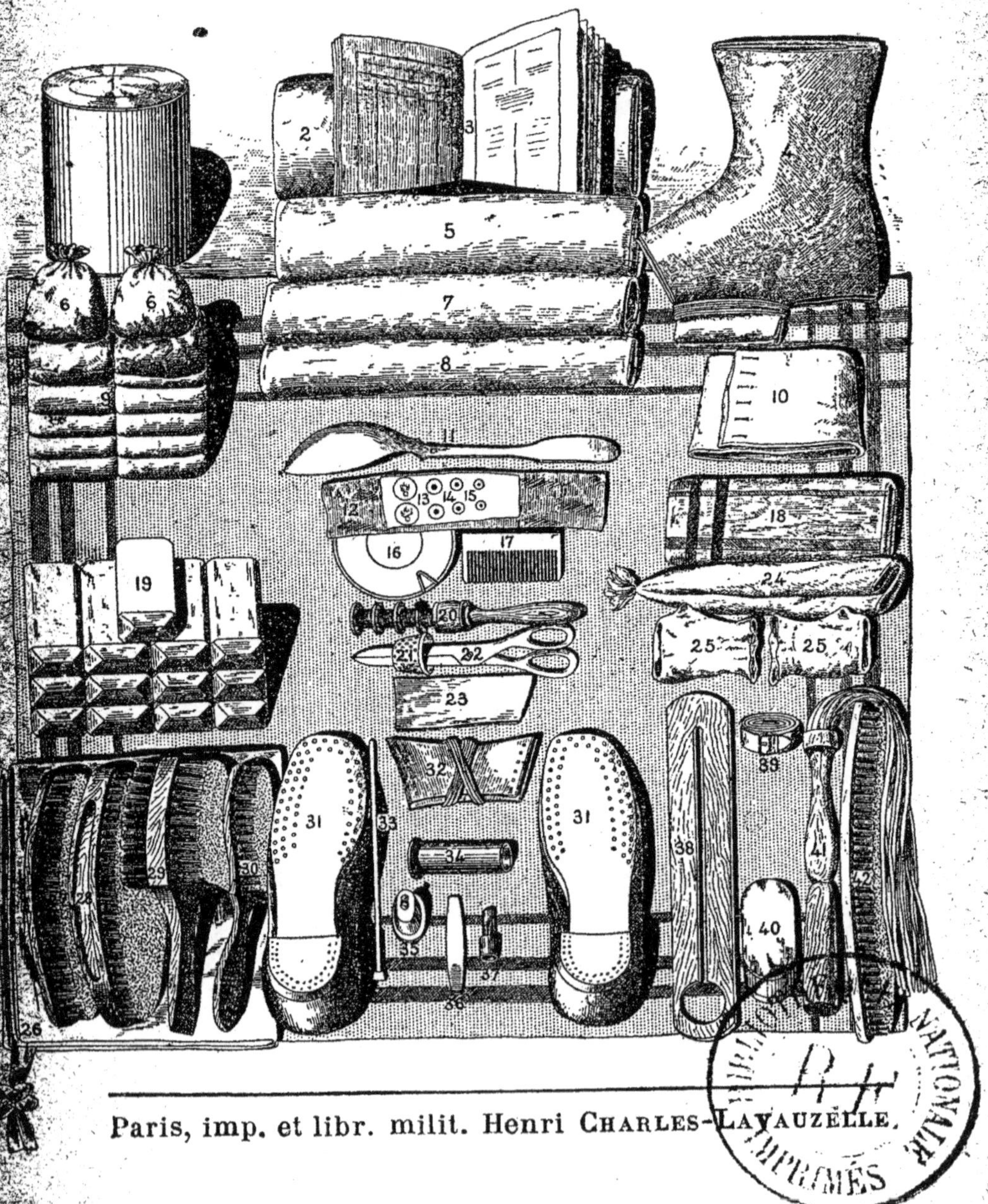

Paris, imp. et libr. milit. Henri CHARLES-LAVAUZELLE.